Wohnen in Genossenschaften

Axel Viehweger, Ralf Kölbach,

Manfred Scheuer, Mirjam Luserke

Ringo Lottig und Thomas Keiderling

Inhaltsverzeichnis

Vorwort *von Axel Viehweger* **5**

Friedrich Wilhelm Raiffeisen – Leben, Werk und Perspektiven. Die Sichtweise der Deutschen Friedrich-Wilhelm-Raiffeisen-Gesellschaft *von Ralf Kölbach* **7**

Genossenschaftlich wohnen – ein dringendes gesellschaftliches Anliegen der Gegenwart! *von Axel Viehweger* **17**

Solidarisches Eigentum? Anmerkungen zur Genossenschaftsidee *von Manfred Scheuer* **22**

Es zählt der Mensch – (wohnungs)genossenschaftliche Teilhabe im Heute und Morgen *von Mirjam Luserke* **33**

Erfolgreich im Mietermarkt *von Ringo Lottig* **47**

25 Jahre Delitzscher Gespräch. Ein Rückblick *von Thomas Keiderling* **53**

Veranstaltungen und ausgewählte Aktivitäten der Deutschen Hermann-Schulze-Delitzsch-Gesellschaft e. V. 2020 und 2021 *von Thomas Keiderling* **60**

Vorwort

Das gab es noch nicht in der mittlerweile 25jährigen Geschichte des Delitzscher Gesprächs. Unsere für den 30. April 2020 angesetzte Tagung zum Thema „Wohnen in Genossenschaften“ konnte aufgrund der Corona-Pandemie leider nicht stattfinden. Zeigten wir uns zunächst noch optimistisch, den Termin in die zweite Jahreshälfte zu verschieben, mussten wir auch diese Idee wieder aufgeben und die Veranstaltung ersatzlos streichen. Nun freuen wir uns, (wenigstens) die Referate des 25. Delitzscher Gesprächs im Druck vorlegen zu können.

Das vorliegende Heft beginnt mit einer Vorstellung unserer Schwester-institution, der Deutschen Friedrich-Wilhelm-Raiffeisen-Gesellschaft e. V. in Hachenburg, durch ihren Vorstandsvorsitzenden Dr. Ralf Kölbach. Beeindruckend ist das hohe Engagement der Raiffeisen-Gesellschaft auf unterschiedlichsten Gebieten, das in den letzten Jahren unter ihrem Vorstand an Fahrt aufgenommen hat. Dr. Kölbach geht zugleich auf die Zusammenarbeit Ihrer Gesellschaft mit der Schulze-Delitzsch-Gesellschaft ein, die jüngst durch gemeinsame Treffen, Erklärungen und Vorhaben intensiviert wurde.

Nach meinem Beitrag „Genossenschaftlich wohnen – ein dringendes gesellschaftliches Anliegen der Gegenwart!“ referiert der Linzer Bischof Dr. Manfred Scheuer über „Solidarisches Eigentum? Anmerkungen zur Genossenschaftsidee“. Es handelt sich um den freundlich genehmigten Wiederabdruck eines Grußwortes, das Dr. Scheuer auf dem 71. Oberöster-reichischen Genossenschaftstag der Generalversammlung des Raiffeisenverbandes Oberösterreich am 2017 in Linz hielt. Der Beitrag ersetzt ein leider ausgefallenes Referat zur selben Thematik. Ebenfalls nachträglich hinzugekommen ist der Aufsatz von Mirjam Luserke, Vorstandsmitglied des Verbandes Sächsischer Wohnungsgenossenschaften e. V., mit dem Titel „Es zählt der Mensch – (wohnungs)genossenschaftliche Teilhabe im Heute und Morgen". Darin berichtet Frau Luserke von der genossenschaftlichen Herangehensweise und dem Selbstverständnis speziell im Bereich der Wohnungsgenossenschaften. Dem schließen sich nahtlos die Ausführungen „Erfolgreich im Mietermarkt" von Ringo Lottig an, Vorstand der Chemnitzer Siedlungsgemeinschaft eG, worin er die jüngsten baulichen Maßnahmen und modernen Serviceleistungen seiner Genossenschaft in Bild und Text vorstellt. Der Band wird abgerundet durch zwei Beiträge von Dr. Thomas Keiderling, dem leitenden Kurator des Deutschen Genossenschaftsmuseums in Delitzsch, in denen er 25 Jahre Delitzscher Gespräch Revue passieren lässt und von den Veranstaltungen sowie ausgewählten Aktivitäten der Deutschen Hermann-Schulze-Delitzsch-Gesellschaft e. V. der Jahre 2020 und 2021 berichtet.

Allen Beiträgern des vorliegenden 25. Heftes unserer Schriftenreihe gilt mein herzlicher Dank! Wie auch die zwei Vorgängerhefte erscheint diese Nummer bei Books on Demand in Norderstedt und ist somit im Buchhandel erhältlich. Wir wünschen unserer aktuellen Publikation eine breite Rezeption.

Dr. Axel Viehweger Delitzsch im März 2022

Vorstandsvorsitzender der

Deutschen Hermann-Schulze-Delitzsch-Gesellschaft e. V.

Ralf Kölbach

Friedrich Wilhelm Raiffeisen – Leben, Werk und Perspektiven. Die Sichtweise der Deutschen Friedrich-Wilhelm-Raiffeisen-Gesellschaft

Der Mensch Raiffeisen

Friedrich Wilhelm Raiffeisen, der Genossenschaftsgründer, Sozialreformer und Kommunalbeamte, wurde am 30. März 1818 in Hamm/Sieg geboren und starb am 11. März 1888 in Neuwied-Heddesdorf, wo er zuletzt gewirkt hatte. Seine Maxime hieß: „Was einer nicht vermag, das vermögen viele." Ein sehr aktueller Leitsatz, der gerade in der heutigen Zeit, im Umfeld der Corona-Krise, fundamental ist, und den er auch teilte mit Hermann Schulze-Delitzsch. Das war es, was die beiden inhaltlich immer verband.

Seine beruflichen Stationen begannen 1835 mit dem Eintritt in die Offizierslaufbahn der preußischen Armee, aus der er sich allerdings schon acht Jahre später wegen eines schweren Augenleidens verabschieden musste. Dann trat er in die Kommunalpolitik ein als Kreissekretär in Mayen von 1843 bis 1845. Es folgte von 1845 bis 1848 die erste wirkliche Station in Eigenverantwortung als Bürgermeister in Weyerbusch im Westerwald. Danach, von 1848 bis 1852, war er Bürgermeister von Flammersfeld. Damit hatte er 33 Ortschaften verantwortet und wechselte von 1852 bis 1865 als Bürgermeister nach Neuwied-Heddesdorf, wonach er pensioniert wurde. In seinem Ruhestand blieb er dem Aufbau des

Genossenschaftswesens treu – er publizierte, organisierte, leitete an – wie es seine Art immer gewesen war.

Das Geburtshaus in Hamm an der Sieg ist heutzutage ein frisch modernisiertes, sehr schönes Museum. Es gehört der Gemeinde Hamm und wird auch von der Raiffeisen-Gesellschaft unterstützt. Das Bürgermeisterhaus in Weyerbusch wurde im Zweiten Weltkrieg zerstört, dann restauriert. Dort lebte er im Obergeschoss, die Amtsstube war unten. Das Raiffeisen-Begegnungszentrum in Weyerbusch ist Eigentum der Westerwald Bank, die es pflegt und auch als Begegnungsstätte intensiv nutzt. Auch das Bürgermeisterhaus in Flammersfeld ist ein klassisches Westerwälder Fachwerkhaus. Dort hatte Raiffeisen von 1848 bis 1852 seinen Dienstsitz. Heute dient es als Museum; es wird von der Raiffeisen-Gesellschaft ebenfalls unterstützt. In Neuwied-Heddesdorf wurde Raiffeisen 1902 ein Denkmal errichtet. Es handelt sich um einen beliebten Ort für Touristen. Hier ist zu sehen, wie sein Lebensweg endete – als einer der wichtigsten Männer der Genossenschaftsgeschichte.

Die Entwicklung der Genossenschaften

Betrachtet man, wer die Genossenschaftsgründer in Deutschland im Wesentlichen sind, so sind es Hermann Schulze-Delitzsch (1808–1883), Wilhelm Haas (1839–1913) – nicht ganz so bekannt aber ebenfalls von fundamentaler Bedeutung und eben Friedrich Wilhelm Raiffeisen. Eine wichtige Frage lautet: Was ist eigentlich eine Genossenschaft, was macht sie aus? Sie ist zunächst definiert als ein Zusammenschluss von Menschen, die ein gemeinsames Interesse mithilfe eines gemeinsamen Geschäftsbetriebs verfolgen. Genossenschaften gibt es in sehr vielen Wirtschaftsbereichen. Eine ihrer wesentlichen Stärken besteht darin, dass sie branchenübergreifend eingesetzt werden können. Sie ist eine Organisationsform, die sich innerhalb der Marktwirtschaft mit klar basisdemokratischen und sozialen Aspekten etablieren und behaupten kann. Zugleich lebt sie Solidarität in ihrer pursten Form. Beispiele sind Wohnungsbaugenossenschaften, Energiegenossenschaften, Kreditgenossenschaften, Sozialgenossenschaften, Schülergenossenschaften, Dienstleistungsgenossenschaften und natürlich die vor allem von Raiffeisen ausgehenden landwirtschaftlichen Genossenschaften.

Das Jahr 2012 war für die Genossenschaften ein Besonderes: das „Internationale Jahr der Genossenschaften". Die Vereinten Nationen begründeten diese Auszeichnung damit, dass Genossenschaften in vielen Ländern einen ganz wichtigen Beitrag für die wirtschaftliche und soziale Entwicklung leisten. Kreditgenossenschaften, ländliche und gewerbliche Genossenschaften stabilisieren die regionalen Wirtschaftskreisläufe und sorgen für lokale Beschäftigung. Die Entwicklung der Genossenschaften im Zeitablauf ist branchenspezifisch und damit letztlich von der gesamten wirtschaftlichen Entwicklung geprägt. Nicht so sehr von der konjunkturellen, sondern eher von den langen Wellen, die auf Basisinnovationen beruhen.

Wo geht es hin? 2018 gab es in Deutschland 80 Neugründungen von Genossenschaften mit den Themenschwerpunkten Dienstleistungen, Umwelt, Energie, Wasser und Wohnungswesen. Das passt zu den gesellschaftlichen Trends und zeigt auf, dass sich die Genossenschaften dem auch sehr gut anpassen können. Im Dezember 2018 waren in Deutschland 22,6 Mio. Menschen in Genossenschaften als Mitglieder eingebunden. Es gab ca. 8.000 genossenschaftliche Unternehmen und weltweit waren tatsächlich rund eine Mrd. Menschen genossenschaftlich organisiert.

Immaterielles Kulturerbe der UNESCO und Raiffeisen-Jahr 2018

Die Verleihung des Titels Immaterielles Kulturerbe der Menschheit der UNESCO für die Genossenschaftsidee war eine große Ehre für eine starke Idee. Der argentinische Tango, das Fladenbrot, die chinesische Heilmedizin – die UNESCO-Liste lobt und schützt Meisterwerke, Glanzleistungen menschlicher Schaffenskraft. Und seit November 2017 gehört hierzu auch die Genossenschaftsidee, die unter anderem aus dem Westerwald stammt. Deswegen wird auch diese Region zurecht als „Raiffeisenland" bezeichnet. Davon ausgehend gab es im Jahr 2018 das „Raiffeisen-Jahr – 200 Jahre Friedrich Wilhelm Raiffeisen", das intensiv begangen und gefeiert wurde. Es begann mit einem Jahresempfang der Deutschen Genossenschaften am 1. Februar in Berlin und setzte sich fort über zahlreiche Veranstaltungen, deren große Resonanz aufzeigte, dass diese Idee sehr anerkannt und weit verbreitet und eben keine „Eintagsfliege" ist. Der offizielle Festakt wurde am 11. März 2018 in Mainz begangen. Dort sprach die rheinland-pfälzische Ministerpräsidentin Malu Dreyer. Es war ein sehr bunter Tag, eine gelungene Großveranstaltung an der Raiffeisen sicher seine Freude gehabt hätte.

Viele andere Dinge fanden im Raiffeisen-Jahr statt. Raiffeisen wurde nicht nur publiziert, kommuniziert, sondern er wurde auch erkundet z. B. in Form der Raiffeisen-Tour durch Manuel Andrack. Quer durch das Land war er unterwegs, hatte sich Genossenschaften jeder Art angesehen und machte überall Station. Noch im Jubiläumsjahr wurden seine Eindrücke und Erlebnisse durch die Raiffeisen-Gesellschaft unter dem Titel herausgegeben: „Auf den Spuren einer Idee. Die Raiffeisen-Tour 2018 – Manuel Andrack entdeckt Genossenschaften in Deutschland" (Hardcover, 214 Seiten).

Nach dem Raiffeisen-Jahr – neue Wege, neues Logo

Das Raiffeisen-Jahr endete und nun stellte sich die Frage: Wie geht es mit der Gesellschaft weiter? Das Raiffeisen-Jahr diente in erster Linie der Erinnerung. Es gibt einen grundlegenden Auftrag aus der Satzung. Aber davon ausgehend müssen Wege gefunden werden, um nach vorn zu schauen. Die Raiffeisen-Gesellschaft hat daher neue Wege eingeschlagen. Sichtbarer Ausdruck ist ein neues Logo, welches das alte Design der Gesellschaft mit dem Symbol des Raiffeisen-Jahres 2018 verbindet. Das heißt, es kombiniert, ist zugleich neu, hat aber dennoch eine feste Basis. Dieses neue Logo wird seitdem in allen Kanälen verwendet, digital, aber auch offline und symbolisiert einen Neuanfang auf Basis eines gelungenen Davor.

Agenda 2021 – Der Weg der Raiffeisen-Gesellschaft

Gleichzeitig setzte sich die Raiffeisen-Gesellschaft neue inhaltliche Schwerpunkte. Wenn Raiffeisens Ideen weiterleben sollen, wenn sie publik werden sollen, wenn sie nachhaltig und erfolgreich sein sollen – dann geht es nicht ohne die dauerhafte Einbindung junger Menschen. Museen mit ihrer nützlichen Arbeit genügen allein nicht. Es braucht weitere aktive Gestalter, die vor Ort, in konkreten Projekten, die Fackel weitertragen. Wenn die Bedeutung des genossenschaftlichen Modells verankert werden soll, geht es auch nicht ohne die Einbindung von Forschung und Wissenschaft. Und wenn die Raiffeisen-Gesellschaft Erfolg haben will, vernetzt sein will, muss das genossenschaftliche Netzwerk ausgebaut werden.

Im Bereich der dauerhaften Einbindung der Jugend kann man konkret die Fortführung des bereits erfolgreich durchgeführten Förderpreises für junge

Menschen nennen, ferner die enge Zusammenarbeit mit dem Raiffeisen-Campus, mit dem privaten genossenschaftlichen Gymnasium im Westerwald, die Unterstützung zahlreicher Schülergenossenschaften und das alle zwei Jahre stattfindende Raiffeisen-Camp.

Bei der Einbindung von Forschung und Wissenschaft gibt es eine Vernetzung mit verschiedenen genossenschaftlichen Forschungsinstituten. Es ist geplant, eine wissenschaftliche Arbeit zur Überlegenheit des genossenschaftlichen Modells zu vergeben, idealerweise gemeinsam mit unserer Schwestergesellschaft, der Deutschen Hermann-Schulze-Delitzsch-Gesellschaft, zu der eine sehr vertrauensvolle, freundschaftliche Beziehung besteht.

Der Ausbau des genossenschaftlichen Netzwerkes ist ebenfalls fundamental bedeutsam. Hier steht als erster Punkt auf der Agenda des neugewählten Vorstandes der Raiffeisen-Gesellschaft und auch ganz prioritär auf der persönlichen Agenda des Vorstandsvorsitzenden Dr. Ralf Kölbach die eben bereits genannte, enge Zusammenarbeit mit der Schulze-Delitzsch-Gesellschaft. Uns verbindet sehr viel. Wir arbeiten für dieselbe, gute Sache und gemeinsam sind wir noch stärker. Eine erste, sehr erfolgreiche Vorstandsbegegnung auf der Wartburg fand 2019 statt, weitere folgten und nächste Themen sind geplant. Dazu gehört auch die Zusammenarbeit mit der International Raiffeisen Union e. V., mit Forschungsinstituten oder auch mit der Gruppe der Ur-Genossenschaften. Das sind Kreditgenossenschaften aus den Ländern Österreich, Schweiz, den Niederlanden und für Deutschland die Westerwald-Bank, in der Herr Kölbach Mitglied des Vorstandes ist.

Aktueller Stand am Beispiel des Schulprojektes in Nyamirama, Ruanda

Hilfe kann und soll auch über Ländergrenzen hinweg erfolgen. Ein Beispiel dafür ist das Schulprojekt der Raiffeisen-Gesellschaft in Ruanda. Die Schule wurde 1938 gegründet. Unterrichtet werden aktuell 1.200 Schüler, in 14 Klassen durch 29 Lehrkräfte. Dringend erforderlich war der Neubau von Klassenräumen und einer Regenwasserzisterne. Dieses hat die Raiffeisen-Gesellschaft im Rahmen einer Spende übernommen. Diverse Fotos hielten uns stets auf dem Laufenden und zeigten die Fortschritte wie etwas Modernes entstand, das letztendlich einem zentralen Anliegen von Genossenschaften, auch schon von Raiffeisen, dienen wird: Bildung!

Genossenschaft als Hilfe zur Selbsthilfe heißt auch, Bildung zu unterstützen. Bildung ist der Schlüssel zum Ausgang aus der Armut, zur Weiterentwicklung von Individuen, aber auch von ganzen Gesellschaften. Bildung zeigt Verantwortung und übergibt Verantwortung an diejenigen, denen Bildung gegeben wird. Und das ist durch und durch urgenossenschaftlich. Man hilft Menschen aufzustehen – gehen können und müssen sie dann irgendwann selbst. Genossenschaftliche Hilfe ist immer Hilfe zur Selbsthilfe. Die Schule wurde fertiggestellt im August 2019. Sie ist mittlerweile eingeweiht und zeigt auf, dass man mit vergleichsweise wenigen finanziellen Mitteln sehr viel erreichen kann.

Zusammenarbeit mit der Deutschen Hermann-Schulze-Delitzsch-Gesellschaft

Die Zusammenarbeit startete früh. Die Raiffeisen-Gesellschaft hatte damals bei ihrer Gründung 2012 bereits Kontakt zur Schulze-Delitzsch-Gesellschaft und bekam von ihr Hinweise, wie man eine Gesellschaft dieser Art gründen kann. Ganz wichtig war die enge Zusammenarbeit, der Schulterschluss im Rahmen der

Beantragung, die Genossenschaftsidee als immaterielles Kulturerbe der Menschheit bei der UNESCO aufzunehmen (2011–2016). Das war großer gemeinsamer Erfolg, auf dem es anschließend aufzusetzen galt. Dies ist geschehen, beginnend mit einem privaten Besuch des Vorstandsvorsitzenden der Raiffeisen-Gesellschaft, Dr. Ralf Kölbach, in Delitzsch. Er zeigte auf, dass vieles stimmt zwischen beiden Gesellschaften, auch und gerade die „Chemie", die Denkhaltung der beteiligten Personen.

Die Vorstandsvorsitzenden der Schwestergesellschaften, links Dr. Axel Viehweger und rechts Dr. Ralf Kölbach © DHSDG, Delitzsch

Auf die Wege gebracht wurde ferner die erste, gemeinsame Vorstandsklausur, die am 6. November 2019 auf der Wartburg stattfand und geradezu eine Initialzündung war für viele gemeinsame Ideen und Projekte, die nun gestartet worden sind und über Jahre hinweg, über eine lange Zeit dafür sorgen werden, dass die beiden Schwestergesellschaften gemeinsam zum Wohle der großen

Idee, mit all den unterschiedlichen Ausrichtungen im Detail, erfolgreich sein werden und können. Dieses Vorstandstreffen war von besonderer Bedeutung, zumal dort auch die gemeinsame Wartburg-Erklärung verabschiedet wurde.[1] Die Wartburg-Erklärung hat den Charakter von Leitlinien, von Wegmarkierungen, die für die künftige Kooperation beider Gesellschaften stehen. Dazu gehören ein gemeinsamer Online-Auftritt, regelmäßige wissenschaftliche Konferenzen – erstmals in 2021, die sich genossenschaftlichen Fragestellungen widmen, ein Vorschlag an die Kultusministerkonferenz: das Themenfeld Genossenschaft und Genossenschaftsidee endlich in die Lehrpläne der Bundesländer aufzunehmen.

Die gemeinsame Landingpage www.genossenschaftsidee.de © DHSDG, Delitzsch

Ausblick auf den geplanten Mitgliederworkshop

Ein weiteres, wichtiges Thema für die Raiffeisen-Gesellschaft ist ein Mitgliederworkshop. Dieser war für das Frühjahr 2020 geplant, musste jedoch

[1] Wortlaut der Wartburg-Erklärung, siehe unter URL: https://www.raiffeisen-gesellschaft.de/content/Raiffeisen_Gesellschaft-MS/de/homepage/News/2019/Wartburg_Erklaerung.html [letzter Zugriff 02.03.2022].

wegen des coronabedingten Umfelds zunächst abgesagt werden und wird nachgeholt. Worum geht es? Die Raiffeisen-Gesellschaft will Beteiligung leben. Sie will von den Mitgliedern gespiegelt bekommen, wie diese die Strategie sehen. Wie kann man die Strategie weiterentwickeln? Wie kommuniziert man als gemeinnütziger Verein? Wie erhöht man die Reichweite? All das wird stattfinden an der Akademie Deutscher Genossenschaften in Montabaur und ist ein festes Format für die Zukunft. Die Verbindung dieser Zukunftsthemen mit der Raiffeisen-Gesellschaft und den Wurzeln der Gesellschaft im Leben und Werk von Friedrich Wilhelm Raiffeisen ist der Weg, der Tradition mit Moderne zusammenführt und die Basis ist für ein langes Wirken im Sinne der genossenschaftlichen Idee.

Dafür steht die Raiffeisen-Gesellschaft.

Zum Autor

Dr. rer. pol. Ralf Kölbach ist Vorstandsmitglied der Westerwald Bank eG und Vorstandsvorsitzender der Deutschen Friedrich-Wilhelm-Raiffeisen-Gesellschaft e. V.

Axel Viehweger

Genossenschaftlich wohnen – ein dringendes gesellschaftliches Anliegen der Gegenwart!

Man kann mit einer Wohnung einen Menschen genauso töten, wie mit einer Axt. (Heinrich Zille)

Genossenschaftsgründungen beginnen im 19. Jahrhundert aus Armut und Not heraus. Gemeinsam ging es besser. Das trifft auch auf Wohnungsgenossenschaften zu. Während für viele Branchen die Bekannten Hermann-Schultze-Delitzsch und Friedrich Wilhelm Raiffeisen geradestehen, ist es für die Wohnungsgenossenschaften der eher unbekannte Victor Aimé Huber (1800–1869). Als Journalist, Reiseschriftsteller und Sozialreformer gehörte er zu den Gründervätern des deutschen Genossenschaftswesens.

Es gibt einen Unterschied bei der Gründung von Wohnungsgenossenschaften zu Genossenschaften anderer Branchen: die staatliche Förderung. Die Hochindustrialisierung, Anfang des 20. Jahrhunderts, hatte eine gravierende Wohnungsnot zur Folge. Aus dieser Zeit stammt das oben genannte Zitat von Heinrich Zille. Einen Ausweg bot der gemeinsame Bau von Mehrfamilienhäusern am Rand der Städte. Die Häuser wurden zwar überwiegend in Eigenleistung gebaut, es bedurfte aber Grundstücke und einer Startfinanzierung. Hier sprang der Staat in die Bresche und stellte, ausschließlich für Wohnungsgenossenschaften, Fördermittel zur Verfügung. Der Grund für dieses staatliche

Engagement war einfach: Wer selbst, gemeinsam mit Gleichgesinnten, sein Haus baut und es anschließend pflegt, ist im Allgemeinen für Streiks und revolutionäre Aktionen nicht erreichbar. Die Mittelverwendung wurde übrigens kontrolliert. So entstand 1912 in Sachsen der Revisionsverband als Vorläufer des heutigen Verbandes der Sächsischen Wohnungsgenossenschaften (VSWG). So wurden bis zum Zweiten Weltkrieg eine Vielzahl von Wohnungsgenossenschaften gegründet.

Ich möchte nicht verschweigen, dass es in der Zeit des Nationalsozialismus auch bei den Wohnungsgenossenschaften und seinen Verbänden „Säuberungen“ und „Gleichschaltungen“ gab. Hier waren wir nicht besser oder schlechter als Genossenschaften anderer Branchen.

Nach dem Zweiten Weltkrieg war die Wohnungsnot wieder groß. Aber erst nach den Protesten von 1953 reagierte die DDR-Regierung und ließ die Gründung von Arbeiterwohnungsbaugenossenschaften (AWG) zu. Die noch existierenden gemeinnützigen Wohnungsgenossenschaften (GWG) blieben bestehen, wurden aber Jahre später zumeist mit großen AWG’s fusioniert; nicht immer freiwillig.

Das Besondere der AWG war, dass Bauland unentgeltlich bereitgestellt wurde, zinslose Kredite bis zu 85 Prozent der Baukosten ausgereicht wurden und die sogenannten Trägerbetrieben mit Material und Leistungen halfen. Die Organisation der Arbeiten erfolgte über die Trägerbetriebe und damit entstand ein unmittelbarer Zusammenhang zwischen Arbeitsplatz und Erhalt einer Wohnung. Zur politischen Wende 1990 gab es über eine Mio. AWG-Wohnungen auf dem Gebiet der ehemaligen DDR.

Für Wohnungsbaugenossenschaften gab es in der DDR spezielle Bedingungen:

- Ihnen gehörten die Gebäude,

• der Grund und Boden blieb volkeigen,

• neben dem Erwerb von Genossenschaftsanteilen mussten Eigenleistungen erbracht werden; dabei konnten Familienmitglieder, Freunde oder Kollegen helfen,

• auf die Zuweisung von Wohnungen hatte der Vorstand nur bedingt Einfluss, diese erfolgte überwiegend über die staatliche Wohnraumlenkung.

Aufgrund von regelmäßig zu erbringenden Eigenleistungen entstand eine hohe Bindung an die teilweise selbst geschaffene Wohnung. Genossenschaftswohnungen waren deshalb immer besser gepflegt, als der kommunal verwaltete Wohnungsbestand. Das Leben im Haus, der Hausgemeinschaft war von einem hohen Gemeinschaftsgefühl geprägt. Dies wurde noch durch die politisch gewollte Einkommensgleichheit unterstützt.

Natürlich ging auch das Thema Standardisierung, also der komplexe Wohnungsbau, nicht an den Wohnungsgenossenschaften vorbei. Die „Platte" ist zwar keine DDR-Erfindung und wurde in vielen Ländern Europas verbaut, aber die politische Instrumentalisierung dieser Bauform war schon besonders hoch. Die 10. Tagung des Zentralkomitees der SED hatte 1973 die Lösung der Wohnungsfrage bis 1990 beschlossen. Es ging darum, schnell viele Wohnungen zu bauen. Das uniforme Wohnen für „gleiche" Bürger zu symbolisch niedrigen Mieten war ein Baustein im sozialistischen Weltbild. Die Zielstellung für 1990 wurde übrigens nicht erreicht.

Die Wiedervereinigung 1990, ein Glücksfall in der deutschen Geschichte, hatte alle Lebensbereiche in der ehemaligen DDR verändert. Das galt natürlich auch für die Wohnungsgenossenschaften. Sie aus einer staatlichen Planwirtschaft in eine soziale Marktwirtschaft zu überführen, war das Gebot der Stunde. Das

Genossenschaftsgesetz wurde wieder gültige Rechtsgrundlage. Übergangsregelungen zum Baurecht, der Honorarordnung für Architekten und Ingenieure (HOAI), dem Mietrecht oder der Viehweger-Erlass[2] setzten einen Rechtsrahmen für schnelle Investitionen in den Wohnungsbestand. Das Wichtigste aber war die Zuordnung von Grund und Boden auf denen sich die Gebäude der Wohnungsgenossenschaften befanden. Die Kaufpreise für diese Grundstücke wurden per Verordnung vorgegeben und waren vertretbar. Damit wurden die Wohnungsgenossenschaften vollwertige Partner für Banken und Finanzdienstleister.

Mitten in die Aufbruchstimmung hinein, Geld und Material waren ausreichend vorhanden, nahm gegen Ende der 1990er Jahre der Bedarf an Wohnraum ab. Die Arbeitslosigkeit war im Osten gravierend gestiegen, der Enthusiasmus der Wende verflogen. Die Jugend und viele gut ausgebildete Frauen gingen der Arbeit hinterher, gen Westen. Der Leerstand von Wohnungen wurde so groß, dass er die wirtschaftliche Existenz vieler Wohnungsunternehmen bedrohte.

Das Förderprogramm „Stadtumbau Ost“, erkämpft durch die ostdeutschen Verbände und den Bundesverband der Wohnungswirtschaft (GdW) kam gerade noch rechtzeitig. Tausende von Wohnungen wurden abgerissen. Einige Wohnungsgenossenschaften sind deshalb heute „Waldbesitzer“. Dieses Förderprogramm war ein voller Erfolg und wirkt bis zur Gegenwart nach. Vor allem in Großstädten ist inzwischen der Bedarf an Wohnungen erneut gestiegen. Es wird nicht mehr abgerissen, sondern neu gebaut. Dabei sind die Anforderungen an die Gebäude und Wohnungen gestiegen: wie z. B. Aufzug,

---

[2] Es handelt sich beim Viehweger-Erlass um die Rahmenordnung und Richtlinie zur Um- und Neubewertung des Ministeriums für Bauwesen, Städtebau und Wohnungswirtschaft der ehemaligen DDR. Sie bot 1990 einen Wertansatz der Grundstücke und Gebäude von Betrieben der Wohnungswirtschaft in den neuen Bundesländern in der DM-Eröffnungsbilanz.

Balkon, barrierearm, großzügige Grundrisse und gute technische Ausstattung. Das alles natürlich bezahlbar.

Insbesondere auf dem Land, in den Klein- und Mittelstädten ist eine funktionierende Infrastruktur besonders wichtig. Eine bezahlbare Wohnung allein genügt nicht. Um weiterer Landflucht entgegenzutreten, müssen gemeinsam mit den Kommunen Grunddienstleistungen vorgehalten werden: Bildung, einschließlich Gymnasien und Berufsschulen, Krankenhäuser und niedergelassene Ärzte, Kultur und Cafés, Handel, Vereine, Mobilität. Dem ÖPNV kommt dabei eine entscheidende Rolle zu. Insbesondere die Taktung von Bus und Bahn ist für Berufspendler entscheidend. Und auf dem Marktplatz muss „Leben" sichtbar sein. Dazu bedarf es mehr und zielgerichteter Förderung der Kommunen. Die Mittelverteilung nach Köpfen muss ergänzt werden um eine Mittelverteilung nach Funktionen.

Der Weg der Wohnungsgenossenschaften in die Marktwirtschaft war weder geradlinig noch risikoarm. Heute sind sie wirtschaftlich stabil und erfolgreich. Das hat seine Ursachen im genossenschaftlichen Geschäftsmodell, in Basisdemokratie und politischer Unabhängigkeit. Das heißt, wir haben erlebt, dass die Prinzipien Selbsthilfe, Selbstverantwortung, Selbstverwaltung über Staats- und Gesellschaftsformen hinweg erfolgreich sind. Ein weiterer Beleg dafür, dass die Genossenschaftsidee lebt und aktueller denn je ist.

Zum Autor

Dr. Axel Viehweger ist Vorstandsvorsitzender der Deutschen Hermann-Schulze-Delitzsch-Gesellschaft e. V. Bis zu seiner Pensionierung 2019 war er Vorstand des Verbandes Sächsischer Wohnungsgenossenschaften (VSWG) in Dresden.

Manfred Scheuer

Solidarisches Eigentum? Anmerkungen zur Genossenschaftsidee[3]

Die Pioniere des Genossenschaftswesens wie Robert Owen, Friedrich Wilhelm Raiffeisen oder Hermann Schulze-Delitzsch propagierten Selbsthilfe, Selbstverwaltung und Selbstverantwortung als Antwort auf das offensichtliche Versagen sowohl des Staates als auch des liberalen Marktes: Nur in der freien Assoziation von Gleichen könne sich der „Genossenschaftsgeist", der Teamgeist, und damit das entscheidende Plus solcher Kooperationen einstellen. Und dieser Geist lasse sich nur erhalten, wenn das Individualinteresse, der Egoismus, die Gier des einzelnen zugunsten des Gemeinschaftsinteresses begrenzt und eingehegt werden.[4]

Das Genossenschaftswesen wurde in der Katholischen Soziallehre von den Anfängen bis zum heutigen Tag gewürdigt. Schon Leo XIII. unterstreicht in seiner Sozialenzyklika *Rerum novarum* (1891), dass die Genossenschaften auf der Grundlage des Naturrechtes ruhen, das Naturrecht aber der Staat nicht vernichten kann. Genossenschaften haben ein natürliches und unbestreitbares Recht des Bestandes und „viel Segen gebracht." (39) Und Johannes XXIII. in *Mater et magistra* (1961): „Im Interesse des Gemeinwohls und im Rahmen des technischen Fortschritts sind der handwerkliche Betrieb und der

[3] Beim vorliegenden Beitrag handelt es sich um den Wiederabdruck des Grußwortes beim 71. Oö. Genossenschaftstag der Generalversammlung des Raiffeisenverbandes Oberösterreich am 21. März 2017 in Linz. Mit freundlicher Genehmigung durch den Autor.

[4] Vgl. Konny Gellenbeck (Hg.): Gewinn für alle! Genossenschaften als Wirtschaftsmodell der Zukunft, Frankfurt am Main 2012, S. 9.

landwirtschaftliche Familienbetrieb zu schützen und zu fördern, aber auch die genossenschaftlichen Unternehmen, insbesondere diejenigen, die darauf angelegt sind, den beiden ersteren Hilfsstellung zu leisten.“ (85) Papst Benedikt XVI. fordert in *Caritas in Veritate* (2009) eine Reform des Finanzwesens und betont ausdrücklich das Modell der Kreditgenossenschaften als Beispiel einer gerechten Wirtschaftlichkeit. Damit würdigt der Papst die Geschäftsphilosophie der Genossenschaftsbanken, deren vorderstes Ziel die wirtschaftliche Unterstützung ihrer Mitglieder ist und nicht die reine Gewinnmaximierung. Für Papst Franziskus ist Solidarität ein Schlüsselwort der Soziallehre. „Arbeit und Würde der Person gehen im Gleichschritt. Solidarität muss auch angewendet werden, um Arbeit zu garantieren, und die Genossenschaft ist ein wichtiges Element in der Vielfalt der Arbeitgeber.“ Ich habe gesehen, dass das der Weg ist zur „Gleichheit bei allen Unterschieden“, ein langsamer, aber sicherer Weg.[5]

Die vielen Genossenschaftsgründungen, ob im Konsum-, Energie-, Sozial-, Finanz- oder Wohnungsbereich, tragen erheblich dazu bei, dass unsere Gesellschaft nachhaltiger, demokratischer und sozial gerechter wird. Genossenschaften im *social business* ermöglichen die Teilhabe an Politik und Gesellschaft. Auch im Bereich der Wirtschaft, Industrie und Landwirtschaft sind Genossenschaften auch eine ethische Antwort auf die Auswüchse des Raubtierkapitalismus, der lediglich auf Profit und Gewinnmaximierung auf Kosten der Arbeitnehmer und der Umwelt ausgerichtet ist. Hier steht der Mensch im Mittelpunkt. In ihr verwirklichten sich überzeugend die Prinzipien der katholischen Sozialethik: Personalität, Subsidiarität, Solidarität und Nachhaltigkeit.

---

[5] URL: http://www.archivioradiovaticana.va/storico/2013/11/22/franziskus_die_%E2%80%9Emystik%E2%80%9C_in_der_katholischen_soziallehre_/ted-748972 [letzter Zugriff 02.03.2022].

Ökonomisch ist das Phänomen Genossenschaft sehr breit und reicht vom Lebensmittelriesen Rewe, in Österreich mit Billa, ADEG u. a. vertreten über die großen Genossenschaftsbanken und den z. B. die österreichischen Frischmilchsparte zu fast 100 Prozent dominierenden Raiffeisenverbund bis zu alternativen Klein-Kooperativen (z. B. Bio-Landwirte). Sehr bedeutsam ist die Genossenschaftsidee zuletzt vor allem im Bereich der erneuerbaren Energien geworden.

Derzeit gibt es fünf Genossenschaftssektoren[6]:

1. Konsumgenossenschaften: Vertrieb von Nahrungs- und Genussmitteln, Waren des täglichen Bedarfs (z. B. Dorfläden),

2. Wohnungsbaugenossenschaften,

3. Gewerbliche Genossenschaften und Produktivgenossenschaften: Schwerpunktmäßig im Handel, Handwerk und im Verkehrssektor,

4. Genossenschaftsbanken: Sie haben herausragende Bedeutung im Genossenschaftswesen. Sie gelten „in der aktuellen Finanzmarktkrise als eine Unternehmensform von bemerkenswerter Stabilität“ (575),

5. Ländliche Genossenschaften: Agrargenossenschaften aber auch Raiffeisengenossenschaften – eine Wirtschaftskraft, die bisweilen stark unterschätzt wird.

Das Jahr 2012 erklärte die UNO zum „Internationalen Jahr der Genossenschaften“. Nachdem es lange Zeit still um die Genossenschaftsidee geworden war, gelangt sie in den letzten Jahren wieder mehr ins Blickfeld. Dazu tragen auch neue Wirtschaftskonzepte bei, die unter den Namen „Gemeinwesenökonomie“,

[6] Vgl. Herbert Klemisch und Moritz Boddenberg: Zur Lage der Genossenschaften – tatsächliche Renaissance oder Wunschdenken?, WSI Mitteilungen 8/2012, S. 570–580.

„Gemeinwohlökonomie", o. Ä. firmieren und die viele Grundelemente der Genossenschaft in sich tragen.

Wesentliche Merkmale der Genossenschaft sind:

1. Zweck der Genossenschaft ist förderwirtschaftliches Agieren: Nicht Gewinnmaximierung ist das Ziel, sondern bestmögliche Förderung der Mitglieder im Geschäftsfeld.

2. Identitätsprinzip: In der Genossenschaft sind beide Seiten, die sich ansonsten gegenüberstehen gemeinsam involviert (Mieter – Vermieter; Verbraucher – Händler).

3. Demokratieprinzip: Ein Genossenschafter – eine Stimme. Die Summe der Kapitalanteile ist in der Stimmgewichtung nicht relevant.

4. Solidaritätsprinzip: hier geht es um die „Ausprägung genossenschafts-spezifischer Werte, Einstellungen und Verhaltensweisen", womit in genossenschaftlichen Unternehmen eine höhere Stabilität erreicht werden kann.

Sozialethische Überlegungen zur Genossenschaftsidee[7]

Die Genossenschaft hat sich als verbreitete Organisationsform der relativ breit gestreuten Eigentumsverteilung innerhalb marktwirtschaftlicher Wirtschafts-systeme etabliert. Zuletzt hat Papst Franziskus in der *Enzyklika Laudato sí* (Nr.

[7] Wir folgen Christian Spieß: Sozialethik des Eigentums. Philosophische Grundlagen – kirchliche Sozialverkündigung – systematische Differenzierung, Münster 2004, S. 156.

179f.) auf die Potenziale der Genossenschaftsidee hingewiesen. Dabei ist die grundsätzliche Ausrichtung bzw. die „Idee" einer solidarischen Eigentumsstruktur einerseits von der tatsächlichen unternehmerischen Realisierung der Rechtsform Genossenschaft andererseits zu unterscheiden: Beispielsweise sind bekanntlich mehrere der führenden und den Markt prägenden Unternehmen des deutschsprachigen Raums, etwa im Lebensmittelsektor, genossenschaftlich organisiert, was aggressiven Preiskampf und forcierten Verdrängungswettbewerb offensichtlich nicht ausschließt. Als Realisierung der in allen einschlägigen Dokumenten der katholischen Sozialverkündigung befürworteten breiten Streuung des Eigentums („Vermögensbildung" und „Eigentumsbildung in Arbeitnehmerhand") verkörpert die Genossenschaft aber sehr wohl eine der wichtigen Verwirklichungsformen der Sozialpflichtigkeit des Eigentums, und zwar in mehreren Hinsichten:

(1) *Identitätsprinzip und soziale Einhegung der Marktwirtschaft:* Zwei Rollen, die sich sonst am Markt gegenüberstehen, werden in der Genossenschaft vereinigt. Die Opposition von Eigentümern (Vermietern, Produktivmitteleigentümern, Händlern etc.) auf der einen Seite und Mietern bzw. Beschäftigten bzw. Konsumenten auf der anderen Seite wird grundsätzlich aufgehoben. Damit gelingt tendenziell die Überwindung der – historisch gesprochen – Klassengegensätze, etwa des Gegensatzes zwischen Kapital und Arbeit, und zwar gerade nicht auf dem in der katholischen Soziallehre stets zurückgewiesenen Weg des – wieder historisch gesprochen – Klassenkampfes und der Enteignung der Kapitalbesitzer, sondern auf dem Weg der „sozialen Temperierung des Kapitalismus" (O. v. Nell-Breuning SJ). Die Genossenschaft ist demnach ein Beitrag zur „Bändigung und Zähmung dieses wie ein wild gewordener Elefant dahin stürmenden Liberalkapitalismus".[8] Dies entspricht der für den

[8] Oswald von Nell-Breuning: Kapitalismus kritisch betrachtet. Zur Auseinandersetzung um das bessere „System",

Sozialkatholizismus eigentümlichen Haltung zum Kapitalismus bzw. zur Marktwirtschaft mit Privateigentum: Einerseits werden die Vorzüge, die enorme Leistungsfähigkeit – nämlich die Effizienz sowie die Freiheit des Eigentums und des Vertrags – anerkannt und positiv hervorgehoben; andererseits werden die sozialen Verwerfungen dieser Wirtschaftsweise – insbesondere die Verarmung eines großen Teils der Bevölkerung – scharf kritisiert. In den Worten der frühen Sozialenzykliken *Rerum novarum* und *Quadragesimo anno* ist die Genossenschaft demnach ein Beitrag zur „Entproletarisierung des Proletariats".

(2) *Förderprinzip und Dezentralisierung:* Der u. a. in der Enzyklika *Quadragesimo anno* (QA 105) scharf kritisierten „Vermachtung" der Marktwirtschaft stellt die Genossenschaft ein originelles dezentrales Organisationsmodell gegenüber. Durch die dezentrale Organisation wird die Kontrolle der Genossenschaft durch die Mitglieder ermöglicht, wie umgekehrt die Förderung der Mitglieder realisiert werden kann. Diese förderwirtschaftliche Aufgabe ist zentraler Zweck der Genossenschaft und dient, gemäß der genossenschaftlichen Idee, den kleinen ökonomischen Einheiten (etwa kleinen Agrarbetrieben). Aber natürlich müssen auch umgekehrt Genossenschaften kritisch nach dem Kriterium der Marktmacht beurteilt werden.

(3) *Solidaritätsprinzip und Kooperation:* Dies verweist auf einen weiteren wichtigen Aspekt, nämlich die doppelte solidarische Ausrichtung der Genossenschaften. Das bedeutet, dass der – freilich labile und stets zu reflektierende – „Genossenschaftsgeist" nicht nur con-solidarisch die eigenen, gemeinsamen Interessen der Mitglieder vertritt, und zwar im Zweifelsfall gegen andere, konkurrierende Akteure, sondern auch die pro-solidarische Perspektive einbezieht, also die Solidarität gegenüber anderen, externen Akteuren. Insofern

Freiburg i. Br. 1974, S. 56f.

ist die Genossenschaft eigentlich *nie nur* Interessenvereinigung, die die Interessen der Mitglieder vertritt, sondern *immer auch* Verfechterin des Kooperationsgedankens über den Horizont der eigenen Vorteilsmaximierung hinaus.[9] Jedenfalls in der sozialkatholischen Tradition gilt Solidarität als im Grunde defizitär, wenn sie nur der Verwirklichung der eigenen kollektiven Interessen einer Gruppe dient, ohne auch darüber hinaus eine solidarische Gesellschaft bzw. das Gemeinwohl des politischen Gemeinwesens zu intendieren.[10]

(4) *Subsidiaritätsprinzip ad intra und demokratische Struktur:* Zumindest prinzipiell liegt der Genossenschaftsidee eine demokratische Ausrichtung zugrunde, insofern jedem Mitglied gleiches Stimmrecht in der Generalversammlung zukommt. Diese demokratische, nicht an Kapitalanteilen orientierte Form der Beschlussfassung ermöglicht die gleichmäßige Berücksichtigung der Interessen aller Mitglieder, hebt also die Verknüpfung von ökonomischer Macht und (verbands-)politischer Macht systematisch auf. Aus sozialkatholischer Sicht ermöglicht diese bereits oben (2) skizzierte dezentrale Struktur auch eine subsidiäre Dynamik der Entscheidungsprozesse. Es sind die einzelnen Mitglieder, also die kleinen Einheiten, die gemäß ihren Fähigkeiten und Präferenzen die Entscheidungen der übergeordneten Einheit(en) steuern. Diese Steuerungsoption darf ihnen, darf dem „einzelnen Menschen“ auch nicht „entrissen“ werden, wie es in der berühmten Definition des Subsidiaritätsprinzips in *Quadragesimo anno* (Nr. 79) formuliert ist (Kompetenzanmaßungsverbot). Umgekehrt verwirklicht sich in der genossenschaftlichen Verbindung,

---

[9] Es liegt auf der Hand, dass dieses doppelte Solidaritätsverständnis zu einem schwierigen systematischen Problem des Genossenschaftsgedankens in ökonomischer Hinsicht führt, nämlich zur Frage der Spannung zwischen Konkurrenz und Kooperation, zwischen Wettbewerb und Solidarität. Vgl. Arno Mersmann und Klaus Novy: Gewerkschaften, Genossenschaften, Gemeinwirtschaft. Hat eine Ökonomie der Solidarität eine Chance?, Köln 1991, S. 29f.

[10] Vgl. beispielsweise die Enzyklika Solicitudo rei socialis (1987), Nr. 39.

insbesondere im bereits genannten *Förderzweck* der Genossenschaft, die Unterstützung der einzelnen Mitglieder bzw. kleinen Einheiten bei jenen Aufgaben und Herausforderungen, die sie alleine nicht zu bewältigen vermögen (Hilfestellungsgebot). Insofern ist die Genossenschaft, ihrer Architektur nach, ein Modellfall subsidiärer Gesellschaftsorganisation.

(5) *Subsidiaritätsprinzip ad extra und Zivilgesellschaft:* Nicht nur ihrer inneren Struktur nach ist die Genossenschaft eine subsidiäre Organisation, sondern auch in der Gesellschaft (einer Region, eines Nationalstaats, einer Volkswirtschaft etc.) insgesamt. Sie vertritt die Interessen der Mitglieder als Unternehmen und als zivilgesellschaftliche Kraft. Sie wird damit Teil jener intermediären Ebene zwischen einzelnen BürgerInnen einerseits und Staat andererseits, die das mitteleuropäische Sozialmodell kennzeichnet. Hier werden soziale Aufgaben weder nahezu vollständig vom Staat übernommen noch nahezu vollständig den Individuen überlassen, sondern in einer reichhaltig korporativ strukturierten Gesellschaft von vielfältigen Interessenverbänden, Gewerkschaften, Kirchen, Nichtregierungsorganisationen, Wohlfahrtsorganisationen etc. nach Kompetenz und Mandat übernommen. Da der Hauptzweck (!) der Genossenschaften nicht „die Verwertung von Kapital und das Erwirtschaften von Gewinn" ist, „sondern die Förderung der Mitglieder in dem Geschäftsfeld, in dem sie angesiedelt sind"[11], sind sie Teil dieses subsidiären zivilgesellschaftlichen Gefüges. Darin unterscheiden sie sich grundsätzlich von nicht-genossenschaftlich organisierten, vorrangig profitorientierten Unternehmen, die dem ökonomischen Teilsystem angehören.[12] Allerdings sollte diese zivilgesellschaftliche Verortung der Genossenschaft ihr auch Verpflichtung auf das Gemeinwohl hin sein.

---

[11] Herbert Klemisch und Moritz Boddenberg: Zur Lage der Genossenschaften (siehe Anmerkung 6), S. 571.

[12] Vgl. Mareike Alscher: Genossenschaften – Akteure des Marktes und der Zivilgesellschaft, Berlin 2011.

Dies gilt insgesamt für alle genannten Gesichtspunkte: Es handelt sich nicht um die Erhebung des Sachstandes, sondern um den – ziemlich hohen – normativen Anspruch, der mit der Genossenschaftsidee verbunden ist. Dieser normative Anspruch ist mit der für die katholische Sozialtradition typischen Verschränkung von Befürwortung der Marktwirtschaft einerseits und der Forderung der sozialen Einhegung und des sozialen Ausgleichs andererseits offensichtlich kompatibel. Insbesondere fällt diese Kompatibilität im Hinblick auf die Enzyklika *Quadragesimo anno* ins Auge: Die Ausgewogenheit von sozialer und individueller Funktion des Eigentums, die Verknüpfung des Eigentumsrechts mit der Sozialpflichtigkeit des Eigentums, die Notwendigkeit der Dezentralisierung gegen eine übermäßige Zusammenballung des Eigentums in der Hand weniger Unternehmer und gegen die „Vermachtung" der Marktwirtschaft, die Bedeutung der Solidarität und der Gemeinwohlverpflichtung sowie natürlich das Subsidiaritätsprinzip – all diese Motive begegnen in *Quadragesimo anno* ebenso wie im normativen Anspruch der Genossenschaften.[13] Dabei handelt es sich nicht um einen Anspruch, der an die Genossenschaften herangetragen wird, sondern um einen Anspruch, der aus der Genossenschaftsidee selbst hervorgeht – mithin nicht um eine von außen auferlegte Verpflichtung, sondern um eine Selbstverpflichtung. Insoweit überrascht es natürlich, wie wenig Genossenschaften bisweilen von anderen Unternehmen unterscheidbar geworden sind.

Ein neues Interesse an Genossenschaften ist mit dem Aufkommen der Ideen einer „solidarischen Ökonomie"[14] oder einer „Gemeinwohlökonomie"[15] als alternative Wirtschaftsformen entstanden. Gegenwärtig dürften dem Mainstream der etablierten Genossenschaften diese Ideen relativ fremd sein,

[13] Vgl. Christian Spieß: Sozialethik des Eigentums. Philosophische Grundlagen – kirchliche Sozialverkündigung – systematische Differenzierung, Münster 2004, S. 156–162.
[14] Elmar Altvater und Nicola Sekler (Hg.): Solidarische Ökonomie. Reader des Wissenschaftlichen Beirats von Attac, Hamburg 2006.
[15] Christian Felber: Gemeinwohlökonomie. Das Wirtschaftsmodell der Zukunft, Wien 2010.

weil er stärker in der konventionellen Wirtschaftstheorie, sei sie eher neoklassisch oder eher keynesianisch orientiert, verortet ist. Umgekehrt haben auch viele Protagonisten des Nachdenkens über Alternativen zum „klassischen Kapitalismus“ die Genossenschaft als traditionelle Idee solidarischen Wirtschaftens innerhalb der Marktwirtschaft mit Privateigentum kaum oder überhaupt nicht im Blick. Aber es gibt bereits eine beachtliche Anzahl von genossenschaftlichen Neugründungen, vor allem im Bereich der Energiewirtschaft, aber auch Dorfläden, neue Konsumgenossenschaften, Projekte des fairen Handels, Wohnprojekte, neue landwirtschaftliche Genossenschaften, die dem Phänomen „alternative solidarische Ökonomie“ zuzuordnen sind. Es gibt jedenfalls eine Schnittmenge zwischen herkömmlicher Genossenschaftsidee und Alternativökonomie, deren Bedeutung sich in den nächsten Jahren und Jahrzehnten erweisen wird.[16]

Konsumgenossenschaften, Wohnungsbaugenossenschaften, landwirtschaftliche Genossenschaften, gewerbliche und Produktivgenossenschaften sowie ländliche Genossenschaften haben sich in den meisten Fällen ökonomisch bewährt – man denke etwa an die vergleichsweise krisenstabilen Genossenschaftsbanken –, weisen ein hohes Zukunftspotenzial auf und sind aus christlich-sozialwissenschaftlicher Sicht aus den genannten zahlreichen Gründen ein ausgesprochen wichtiger und wünschenswerter Bestandteil des ökonomischen Systems und der Zivilgesellschaft. Hinzu kommen für einige Bereiche weitere Aspekte, wie etwa für die boomenden Genossenschaften im Bereich der Energieversorgung aus erneuerbaren Energien der Aspekt der *Nachhaltigkeit* (auf den ja Papst Franziskus an der oben erwähnten Stelle von *Laudato sí* auch abzielt) oder im Bereich der ländlichen Genossenschaften die *Stärkung des regionalen Bezuges* bzw. die *Schaffung eines regionalen Mehrwerts*, indem sie

[16] Vgl. Herbert Klemisch und Moritz Boddenberg: Zur Lage der Genossenschaften (siehe Anmerkung 6).

etwa einen Beitrag zur Stabilisierung der regionalen Landwirtschaft oder auch zur Gestaltung des Strukturwandels unter Berücksichtigung kommunal-, agrar- und nicht zuletzt auch sozial- und arbeitsmarktpolitischer Herausforderungen leisten – und gerade diese ökologischen und sozialen, regionalen und unternehmerischen Herausforderungen (und ihre jeweilige Verschränkung) treten.

Es geht um eine Zivilgesellschaft als *Verantwortungsgesellschaft*, innerhalb derer sich viele Gemeinschaften für das Gesamtwohl verantwortlich fühlen. Eine solche Verantwortungsgesellschaft versteht sich als Gegenentwurf zu einer Gesellschaft, die aktuell immer mehr in konfligierende soziale Schichten, Alters- und Interessengruppen zu zerfallen droht. Es geht also weder um die gegenseitige Abschottung von Teilgemeinschaften untereinander, noch um die „kommunistische" Gleichmacherei und Einebnung von Unterschieden zwischen Menschen und Gruppen, sondern um das Zusammenwirken verschiedener gesellschaftlicher Gruppen zum Wohl des Ganzen.

Zum Autor

Dr. Manfred Scheuer ist seit 2016 Bischof von Linz (Oberösterreich), zuvor war er Bischof von Innsbruck und bis 2003 Professor für Dogmatik und Dogmengeschichte an der Theologischen Fakultät der Universität Trier.

Mirjam Luserke

Es zählt der Mensch – (wohnungs)genossenschaftliche Teilhabe im Heute und Morgen

Genossenschaft funktioniert ganz klein und ganz groß. Im Verband Sächsischer Wohnungsgenossenschaften e. V. (VSWG) besitzt die kleinste Genossenschaft acht Wohneinheiten, die größte rund 17.000. Auch wird gern in den sächsischen Wohnungsgenossenschaften gewohnt. Die Mitglieder leben im Schnitt 16 Jahre in ihrer Wohnung. Woran liegt das? Eine wesentliche Ursache ist, dass wohnende Mitglieder eben nicht nur „Schutz vor Witterung" suchen, sondern vor allem an einer Genossenschaft teilhaben möchten. „Teilhaben" ist dabei im Sinne von partizipieren am Unternehmen in wirtschaftlicher Hinsicht zu verstehen, aber auch im Sinne von sozialer Anteilnahme an einer genossenschaftlichen Gemeinschaft. Es zählt der Mensch, noch genauer – es zählt das Mitglied.

Das ist das zentrale Unterscheidungskriterium zu profitorientierten Unternehmen. Gewinne fließen wieder in die Genossenschaft zurück und nicht an Dritte weiter. Die Mitgliederförderung ist verbindlich in der Satzung festgelegt und steht seit 1889 im Genossenschaftsgesetz.[17] Es ist damit ein Pfund, mit dem die Genossenschaften und insbesondere die Wohnungsgenossenschaften wuchern können. Das Wohnen wird augenblicklich unter dem Deckmantel der

[17] Das Genossenschaftsgesetz (GenG) trat im Deutsche Reich zum 1. Oktober 1889 in Kraft, nachdem es zuvor seit 1867 als „Gesetz betreffend die privatrechtliche Stellung der Erwerbs- und Wirtschaftsgenossenschaften" nur in Preußen und seit 1869 für den Norddeutschen Bund galt. Es regelt das Recht der Genossenschaften. Die letzte Novellierung stammt vom 16. Oktober 2006.

gesellschaftlichen Fürsorglichkeit politisch instrumentalisiert und so ist es umso wichtiger, dass der genossenschaftliche Gedanke in seiner Aufrichtigkeit und Menschlichkeit hiervor geschützt wird.

Eine Genossenschaft ist jedoch – weniger emotional ausgedrückt – eine Organisationsform mit nicht geschlossener Mitgliederzahl und einem gemeinschaftlichen Geschäftsbetrieb. Und im Mittelpunkt des genossenschaftlichen Selbstverständnisses stehen die Mitglieder wiederum als Organisationsinhaber und damit als genossenschaftliche Teilhaber. Welche Ausprägung hat diese Teilhabe?

Rückblick

Schauen wir kurz zurück in die Geschichte. Für Hermann Schulze-Delitzsch, den preußischen Pionier der Genossenschaftsidee,[18] gab es kein „geht nicht“. „Mehrere kleine Kräfte vereint bilden eine große“ war sein Motto, welches er Mitte des 19. Jahrhunderts mit der Gründung der ersten Schuhmacher- und Tischler-Assoziationen verwirklichte. Die damals entwickelten Prinzipien der Selbsthilfe, Selbstverantwortung und Selbstverwaltung zeigen die Grundlage für solidarisches Wirtschaften, das unabhängig ist von staatlichen Transferleistungen. Und so sehen wir heute noch die kluge Vorbereitung und Gestaltung dieser genossenschaftlichen Partizipation nicht nur anschaulich im Deutschen Genossenschaftsmuseum in Delitzsch, in dem strahlenden Sieg 2016 bei der Bewerbung der Genossenschaftsidee um das UNESCO-Kulturerbe, sondern auch in der gesetzlichen Ausgestaltung der Teilhabe. Das ihr zugrunde liegende

---

[18] Schulze-Delitzsch wurde 1808 in Delitzsch geboren, das zum Königreich Sachsen gehörte. Infolge der Napoleonischen Kriege kam die Stadt 1815 allerdings zu Preußen. Somit kann der Genossenschaftspionier als gebürtiger Sachse, aber als „tätiger“ Preuße bezeichnet werden.

Genossenschaftsgesetz hat vor kürzerer Zeit seinen 130. Geburtstag gefeiert. Es bildet die rechtliche Sicherung für die Genossenschaft in Bezug auf mitgliedschaftliche Teilhabe und lässt gleichzeitig Raum für flexible Gestaltungsmodelle bei deren Umsetzung. Ökonomische Tendenzen zur Profitorientierung sind hierbei fehl am Platz, was zählt ist der Mensch, das Mitglied.

Genossenschaftliche Teilhabe im Heute

Die genossenschaftliche Teilhabe erfolgt in unterschiedlichen Partizipationsmodellen. Alle werden bestimmt durch den Förderzweck einer Genossenschaft. Über ihn und durch ihn definiert, nimmt das Mitglied solidarisch teil an der Realisierung dieser Modelle. Als Hauptzweck wird in der wohnungswirtschaftlichen Genossenschaftsbranche bekanntermaßen die Förderung der Mitglieder „vorrangig durch eine gute, sichere und sozial verantwortbare Wohnraumversorgung“ beschrieben. Auch die Bewirtschaftung und Betreuung von sozialen und kulturellen Einrichtungen und Dienstleistungen werden als Zweck, dann als Nebenzweck, definiert. Und die Förderung selbst kann dabei mittelbar oder unmittelbar erfolgen.

Formen der Teilhabe

Partizipation wird in unterschiedlichster Form gestaltet und gelebt. Die nachfolgend aufgeführten Formen sind dabei nicht abschließend zu verstehen.

Da ist zum einen die *Teilhabe durch die Verwirklichung von Basisdemokratie.* Die Mitglieder finden sich vertreten in den Versammlungen und deren rechtlich festgelegtem Kompetenzbereich, sprich rechtlich definierten Einflussmöglichkeiten auf die Geschicke der Genossenschaft. Manchmal verkommt dieser gute Ansatz der Basisdemokratie allerdings auch zur ungesunden Übergröße z. B. bei der Verwirklichung idealistisch geprägter kleiner Wohnmodelle. Da ist etwa der Fall, wenn enthusiastische Genossenschaftsgründer in der Satzung eine Regelung haben möchten, dass sämtliche Beschlüsse der Mitgliederversammlung, des Vorstandes und des Aufsichtsrats einstimmig getroffen werden müssen. Grundsätzlich begrüßenswert, da auf den ersten Blick konsensorientiert. Aber es besteht hier eben auch die Gefahr, dass Basisdemokratie so verstanden wird: Wir haben Zeit und diskutieren so lange, bis wir entweder aus Überzeugung oder vor Erschöpfung einem Kompromiss zustimmen. Damit wird dieser Ansatz kontraproduktiv. Die einfache Mehrheit bei Beschlüssen reicht grundsätzlich aus und dient der sinnvollen Beweglichkeit des Unternehmens.

Aber Vorsicht vor den auch im wohnungsgenossenschaftlichen Bereich zu spürenden Tendenzen der Forderung Übereifriger nach einer verführerischen Basisdemokratie. Hier gab es im Zusammenhang mit der Genossenschaftsreform im Jahre 2006 schon Ansätze, wie z. B. die damals diskutierte Abschaffung des Quorums der Mitglieder zur Einberufung einer Versammlung. Damit hätte jedes einzelne Mitglied eine außerordentliche Versammlung einberufen können. Dieses Ansinnen ist praktisch aufgrund der Interessengemengelage in der Mitgliedschaft nicht umsetzbar. So ist es zur Erhaltung der Funktionsfähigkeit einer Genossenschaft und dem Schutz vor querulatorischen Einzelinteressen richtig, dass das Quorum auf ein Minderheitenrecht zur Einberufung von zehn Prozent der Mitglieder gesetzlich beschränkt wurde. So werden legitime Mitgliederinteressen gebündelt und einem demokratischen Entscheidungsprozess zugeführt.

Ein weiteres Beispiel für irreführende Tendenzen in der öffentlichen Kommunikation hinsichtlich der Beschneidung von Mitgliederrechten zeigt ein Beitrag vom 21. Juni 2019 auf der Internetseite der Rosa-Luxemburg-Stiftung. Hier wurde eine pauschale Behauptung aufgestellt, dass die 2018 herausgegebenen Mustersatzungen des GdW Bundesverbandes deutscher Wohnungs- und Immobilienunternehmen e. V., schärfere Maßregelungen der Mitglieder eingeführt hätten und gleichzeitig auch Regelungen enthalten seien, die den Ausschluss von Mitgliedern und auch den Entzug von Wohnungen erleichtern sollen. Die Behauptungen sind in dieser Form nicht wahr und wurden durch den GdW entkräftet. Hintergründe für die Präzisierung der Regelungen in der Mustersatzung waren allein Gründe der Rechtsklarheit bzw. Vorgaben der Rechtsprechung.

Wir müssen also wachsam sein, dass hier nichts in Schieflage gerät. Denn: Basisdemokratisches Augenmaß, Erhaltung der Funktionsfähigkeit des Unternehmens und gleichzeitig die Respektierung echter Bedürfnisse aus der Mitgliedschaft bilden die Zutaten für eine gelungene Verwirklichung basisdemokratischer Inhalte.

Weiter gibt es die *Teilhabe durch Werteorientierung.* Der Begriff wie die nachfolgenden ist übrigens der Study-Reihe der Hans-Böckler-Stiftung vom März 2019 entnommen.[19] Verstanden wird darunter eine Teilhabe, die sich über einen sinn- und identitätsstiftenden Moment definiert. Gleichzeitig ist sie angelehnt an eine ökologische bzw. soziale Nachhaltigkeit. Dieser Bereich spielt bei Wohnungsgenossenschaften eine wichtige, vielleicht sogar die wichtigste Rolle. Gerade soziale Nachhaltigkeit in anderen Gruppierungen und Organisationen zu finden, ist in unserer Gesellschaft, wo nur noch eingeschränkt ein stabiles

[19] Vgl. Hans-Böckler-Stiftung, Study 418, März 2019 „Partizipationspraktiken in Genossenschaften". URL: https://www.boeckler.de/fpdf/HBS-007122/p_study_hbs_418.pdf [letzter Zugriff: 28.02.2022].

familiär-soziales Gefüge besteht, von immenser Bedeutung. Wohnungsgenossenschaften bieten für die Bedürfnisse des Einzelnen nach sozialer und emotionaler Verankerung den Raum und das Potenzial. Wir finden so soziale Nachhaltigkeit z. B. in den zielgruppenspezifischen Angeboten für ältere und/oder pflege- bzw. betreuungsbedürftige Mitglieder oder auch für junge Familien.

Viele Beispiele gibt es hierfür, aber ein besonders anschauliches ist die Etablierung des sozialen Kümmerers in der genossenschaftlichen Gemeinschaft, der seit 2016 offiziell als Gesamtkonzept die Wohnungsgenossenschaftswelt bzw. deren Mitglieder bereichert. Es handelt sich dabei um eine niedrigschwellige Vertrauensperson, die allen Bewohnern des Quartiers zur Verfügung steht. Der Kümmerer ist nicht nur „Kummerkasten“, sondern eben „Kümmerkasten“, der hilfesuchenden Mitgliedern bei Bedarf Hilfe- und Handlungsketten initiiert. Dienstleister in der sozialen Brache sind dazu keine Konkurrenz. Sie bieten zwar außerhalb der Genossenschaft auch Leistungen im Gesundheits- und Sozialbereich an, die der Problembewältigung dienlich sind. Die Praxis zeigte aber seit Jahren, dass die Mitglieder erst dann an den Dienstleister herantreten, wenn es für die Betroffenen oft zu spät ist. Angst, Schamgefühl, Unsicherheit usw. sind Gründe dafür. Diese gibt es gegenüber dem genossenschaftlichen Kümmerer aufgrund seiner Nähe und vertrauensbildenden Beziehung zu den Mitgliedern weniger bis gar nicht. Er ist Teil der genossenschaftlichen Gemeinschaft und kann durch den ausschließlichen Umgang mit den Mitgliedern auch ein ausschließliches Vertrauensverhältnis aufbauen.

Diese Teilhabe ist soziale Teilhabe im tatsächlichen Sinne und keine seelenlose wirtschaftliche Partizipation.

Teilhabe in der Funktion ist ebenfalls eine wesentliche Teilhabemöglichkeit einer Genossenschaft. Keine andere Rechtsform, auch nicht der Verein, setzt so konsequent die Mitgliedseigenschaft voraus, um bestimmte Gremienaufgaben erfüllen zu können. Um Mitglied im Aufsichtsrat und Vorstand zu werden, muss man Genossenschaftsmitglied sein. Um Vertreter in der Vertreterversammlung werden zu können, ist die Mitgliedschaft erforderlich. Auch die Ausübung des Stimmrechts in der Versammlung ist an die Mitgliedschaft gebunden, kleine Öffnungen gelten in Vertretungsfällen. Hieran ist zu erkennen, dass genossenschaftliche Teilhabe an den Organisationsstrukturen der Rechtsform nur über Mitgliedschaft funktioniert.

Wohnungsmarktorientierte Teilhabe ist nicht so bodenständig wie die vorstehend beschriebene Teilhabe in der Funktion. Es ist ein übergeordneter Begriff der Teilhabe. Dahinter verbirgt sich die Markt- und Serviceausrichtung der Genossenschaft als sinnstiftender Rahmen für die Mitglieder. Es ist damit eher eine Frage der genossenschaftlichen Identität. Wie stelle ich mich als Unternehmen dar, wie mache ich mich attraktiv für meine Mitglieder und welche Leistungen biete ich im Rahmen des Förderzwecks an? Das sind die Fragen, die auf die Inhalte der wohnungsmarktorientierten Teilhabe Bezug nehmen.

Genossenschaftliche Teilhabe im Morgen

Die Genossenschaftsgeschichte und -gegenwart zeigt uns also, dass Genossenschaften besonders in Zeiten schnellen Wandels eine besondere Kraft entfalten. Die ersten Genossenschaften in der Tradition Schulze-Delitzschs hatten hierfür als Einkaufsgenossenschaften Modellcharakter für Handwerkerassoziationen. Angesichts der Herausforderungen der Corona-Krise, der Globalisierung, des demografischen Wandels, der permanenten technischen Entwicklung, einer spürbaren sozialen Kälte der Gesellschaft und des damit verbundenen Wertewandels ist das Bedürfnis nach einem nachhaltigen und sozialverantwortlichen Wirtschaften groß. Die genossenschaftliche Teilhabe im Morgen experimentiert deshalb mit Ideenreichtum und ökonomischer Weitsichtigkeit, um diesen Herausforderungen entgegenzutreten und eigene Werte zu setzen. Sie nutzt dazu die tradierten und etablierten Werte der genossenschaftlichen Unternehmensform als Basis für die Verwirklichung von Pioniergeist und Kreativität.

Einige Beispiele der Teilhabe von heute im Übergang zum Morgen, aber auch einer Teilhabe von morgen als genossenschaftliche Zukunftsperspektive, seien nachfolgend aufgeführt:

Mieterstrom. In Zeiten von Klimawandel, Klimakabinett und Klimawahnsinn ist das ein Modell, welches geeignet scheint, wieder den Fokus auf genossenschaftliche Identität zu richten.

Hier werden ausschließlich genossenschaftliche Ansätze zugrunde gelegt, um durch Sonnenenergie von der Genossenschaft produzierten grünen Strom an die Mitglieder weiterzugeben. In der Satzung wird unter Nutzung von genossenschaftsrechtlichem Bezugszwang festgelegt, dass das Mitglied durch seine Mitgliedschaft bedingt – also dem Eintrittstor für seine Teilhabe an der Genossenschaft – auch deren Leistung zu beziehen bzw. zu bezahlen hat. Die Grundsätze für den Leistungsaustausch werden durch die genossenschaftlichen Gremien bestimmt, das Mitglied somit direkt in die Teilhabe am Mieterstrommodell einbezogen.

Energierechtliche und steuerliche Hürden der Umsetzung sind bekannt, aber überwindbar und die Möglichkeit, eine entsprechende Einrichtung und

Nutzungsmöglichkeit in der Satzung vorzuhalten, wie es bereits ein Verbandsmitglied gemacht hat, ist visionär und zukunftsorientiert.

Beteiligung der Mitglieder durch Elektromobilität. Car Sharing in den Genossenschaften existiert z. B. in Form von Teilautos für die Mitglieder. Es wird aber auch der Einsatz von Elektromobilität für den Mitgliedertransport im Quartier erprobt, wie z. B. bei dem eben begonnenen Verbandsprojekt ShiQ – Shuttle im Quartier. Dabei werden Elektrofahrzeuge (Stromer) im Kleinbusformat eingesetzt. Zunächst als Format mit einem mitgliederbetreuenden Busfahrer besetzt; perspektivisch soll der Elektrobus im Quartier schließlich autonom unterwegs sein. Partner des Verbandes sind unter anderem das FI Freiberg Institut GmbH, die Wohnungsgenossenschaft „Glück auf" Ehrenfriedersdorf eG, die ioki GmbH (eine Tochter der DB) sowie die BSMRG GmbH (carlundcarla.de). Für die nächsten drei Jahre ist eine Erprobung weiterer guter Ansätze mitgliedschaftlicher Teilhabe unter Elektromobilitätsbedingungen geplant.

Verwirklichung individueller Lebensformen und -bedürfnisse im genossenschaftlichen Modell: Da sind zunächst die sogenannten *Ökodörfer*. Inzwischen ist diese Lebensform mit rund 12.000 Unternehmen zu einer weltweiten Bewegung geworden. Diese Menschen, so die Motivation für die Gründung der Dörfer, wollen über ihre Familie hinaus gemeinschaftlich leben und arbeiten, oft in besonderen Heimstätten wie Bauwagen, Jurten oder alten Bauernhöfen. Es geht darum, Modelle zu entwickeln als Zukunftslabore für ein menschlicheres Zusammenleben. Beispielhaft sei hier das schon länger bestehende Ökodorf Sieben Linden in Sachsen-Anhalt benannt. Ziel des Zusammenlebens in der Altmark war laut einem Grundsatzpapier, eine „sozial und ökologisch ausgerichtete Siedlung für bis zu 300 Menschen" zu schaffen. Dazu gehöriges Wald-, Garten- und Ackerland wird nachhaltig bewirtschaftet. Die produzierten

Lebensmittel dienen zu einem erheblichen Anteil der Selbstversorgung. So gibt es dort neben einer übergeordneten Siedlungsgenossenschaft Ökodorf eG, über die jedes Mitglied mit einer entsprechenden Beteiligung das gesamte Land und die Infrastruktur finanziert, auch die dazugehörige Wohnungsgenossenschaft Sieben Linden eG, die den rechtlichen und finanziellen Rahmen für die Bauvorhaben bildet.

Aber auch die weniger idealistisch geprägte Variante ist gleichzeitig ein attraktives Modell der Gegenwart und gleichzeitig der Zukunft. So wie im Verbandsgebiet und der Lausitz: Junge Leute tun sich zusammen, kaufen eine Immobilie und leben Genossenschaft durch Eigenleistung und unter gesellschaft-licher Einbindung der Umgebung und Nachbarschaft. Es haben sich nicht nur begeisterte Familien hier ein funktionierendes genossenschaftliches Zuhause geschaffen, sondern das Ganze mit einem entsprechenden Kulturprogramm unterlegt, welches die bislang phlegmatische ländliche Umgebung und ihre Bewohner mit einbindet und neue Inspirationsquellen des Zusammenlebens schafft.

Dr. Iris Kunze, die als Sozialgeografin und Soziologin schon seit Jahren über diese neuen Formen des Zusammenlebens forscht, hat drei Gründe festgestellt, was Menschen in die Gemeinschaften zieht: Auf Platz drei stand der Wunsch nach Persönlichkeitswachstum, auf Platz zwei landete die Suche nach finanzieller und sozialer Heimat und Geborgenheit. Auf Platz eins aber stand überraschenderweise die Hoffnung auf mehr Möglichkeiten zur Selbstverwirklichung. Vielleicht kann dieses Potenzial nicht nur in Ökodörfern ausgelebt werden, sondern auch durch Bildung von Co-Living und Co-Working-Areas, die genossenschaftlich organisiert sind. Mitglieder könnten über die Idee eines gemeinschaftlichen

Lebens und Arbeitens eine gesunde Work-Live-Balance in der Gemeinschaft selbst mitgestalten.[20]

Zu denken ist an dieser Stelle übrigens auch an die soziale Teilhabe der Mitglieder im Rahmen von *Gemeinschaftsflächen und Räumen in einer Genossenschaft*. Der Bäcker im Quartier oder im Dorf ist weg, die Kneipe ist weg, der Arzt ist weg und wo – also in welchem Raum – findet in kleinen und kleinsten Gemeinden noch ein sozialer Austausch statt? Hier schaffen Genossenschaften Kommunikations- und Aufenthaltsräume für ihre Mitglieder, bereits eingeplant in einen Neubau oder den Ausbau der Geschäftsstelle. Beispiel ist der Lipsia-Turm der Wohnungsgenossenschaft Lipsia eG in Leipzig. Hier verbindet sich attraktives Wohnen mit Dienstleistungen für die Mitglieder. Auch architektonisch kommt zum Ausdruck, dass es bei genossenschaftlichem Wohnen nicht um Hausen, sondern um Zusammenwohnen, um Gemeinschaft geht. Auf jeder Etage des elfstöckigen Gebäudes findet sich ein Gemeinschaftsraum für die Etagenbewohner, im Erdgeschoss gibt es einen großen Gemeinschaftsraum mit einer Terrasse für den Außenaufenthalt.

Die Gesellschaft allgemein braucht Genossenschaft zum Funktionieren, aber eine Genossenschaft braucht zum Funktionieren auch die Gesellschaft ihrer Mitglieder. Sie kann nicht allein sein und die Gemeinschaftsräume sind Ausdruck einer gelebten genossenschaftlichen Teilhabe.

Teilhabe durch innovative Ausgestaltung der Attraktivität einer Genossenschaft kann subsumiert werden unter die Teilhabe durch Werteorientierung. Als Beispiel sei CocoonLiving der LebensRäume Hoyerwerda eG benannt. Im April

---

[20] Vgl. Iris Kunze, in: URL: https://www.n-tv.de/ratgeber/gemeinsam-allem-gewachsen/Die-andere-Art-des-Miteinanders-article21265549.html [letzter Zugriff 28.02.2022]. Vgl. ferner Thinktank ‚Gemeinschaft X.0' in der Gemeinschaft Tempelhof: Forschungsdokumentation. URL: https://vimeo.com/156766087 [letzter Zugriff 28.02.2022].

2019 wurde der Grundstein gelegt für einen Vier-Millionen-Bau. In der Anlage gibt es 18 Wohnungen für Mitglieder, verteilt auf zwei Häuser. Es handelt sich um einen Rückzugsort für Mitglieder wie in einen Schmetterlingskokon. Ein Mehrfamilienhaus, das Privatsphäre hoch ansetzt und dennoch Zusammenwohnen und -leben als individualisierte genossenschaftliche Geborgenheit verwirklicht. Aber modern verpuppt, denn „Smart home ready" ist das mit CocoonLiving verbundene Stichwort. In dem Projekt soll es Mitgliedern möglich werden, ihr Smart Home selbst zusammenzustellen. Gewisse Basiskomponenten bietet hierbei die Genossenschaft, weitere Tools kann das Mitglied selbst ordern. Mitgliedern wird es so ermöglicht, viele Gerätschaften in der Wohnung auch per Handy von überall aus steuern zu können. Welche Tools es nutzen will, bestimmt das Mitglied selbst. Zudem verfügen beide Wohnhäuser als erste Mietshäuser der Stadt serienmäßig über eine Klimaanlage. CocoonLiving ist jedenfalls für modernes Wohnen in Zeiten des Klimawandels ein Pionierprojekt.

Weiteres Beispiel für die Teilhabe von morgen: Nicht nur CocoonLiving ist auch baulich und farblich besonders. Es zeigt sich, dass Genossenschaftsbauten nicht einheitlich und architektonisch unspektakulär sein müssen. Es geht auch hier um Mitgliederbindung und Teilhabe durch die Zurverfügungstellung von innovativer Architektur. Neben vielen anderen Beispielen aus unserer Mitgliedschaft – wie z. B. der oben benannte Lipsia-Turm – sei hier das Projekt der tanzenden Häuser der Chemnitzer Siedlungsgemeinschaft eG besonders hervorgehoben. Eine besondere Fassadengestaltung verbunden mit innovativen technischen Besonderheiten gibt den Häusern, die 2021 fertiggestellt wurden, einen ganz eigenen, spektakulären Charakter.

Teilhabe und die Teilhabemöglichkeiten müssen aber auch gepflegt und weitergegeben werden. Denn Kinder sind Mitglieder von morgen. Vielleicht sind sie auch heute schon Mitglieder, denn viele Wohnungsgenossenschaften haben bereits Minderjährige in der Mitgliedschaft. So z. B. minderjährige Auszubildende, die beginnen auf eigenen Füßen zu stehen und eine Wohnung benötigen. Aber es muss bei den Kleineren begonnen werden, bei Schülern. Schülergenossenschaften bilden hier eine wundervolle Möglichkeit, genossenschaftliche Teilhabe im praktischen Planspiel auszuprobieren. Die EHRENBERG Schülergenossenschaft des Christian-Gottfried-Ehrenberg-Gymnasiums in Delitzsch (gegr. 2017) bedruckt unter anderem T-Shirts und Tragetaschen mit einem selbst kreierten Logo. Oder das Beispiel einer Schülergenossenschaft in Hoyerswerda, die Honig produzieren will, der dann verkauft wird – ökologische und ökonomische Ansätze die hierbei friedlich vereint sind.

Schluss

Das genossenschaftliche Modell ist in seinen Teilhabeformen sehr vielseitig. Das ist Chance und Risiko zugleich. Risiko insofern, weil auch ein Ausnutzen, sogar ein Ausbeuten der Mitglieder erfolgen kann. Hierbei sind an die Kapitalanlagemodelle zu denken, denen gesetzgeberseits Einhalt geboten wird bzw. geboten werden muss. Chance aber, weil keine Rechtsform so unbeirrbar nachhaltig den wirtschaftlichen Aktionismus der jeweiligen Zeit übersteht und immer wieder auch Zufluchtsort für Menschen vor den Irrungen und Wirrungen gesellschaftlicher, politischer und sozialer Wandlungen sein kann. An Platz zwei der oben zitierten Umfrage, was die Menschen in individuelle Gemeinschaften zieht, stand die Suche nach sozialer Heimat und Geborgenheit. Wohnen in einer Genossenschaft ist nicht nur ein soziales Gut, sondern im Gesamtkontext eben auch soziales Glück, an dem das Mitglied teilhat. Es ist die Aufgabe der Rechtsform, diese Teilhabe zu ermöglichen und zu bewahren. Es reicht jedoch nicht allein, eine ideale Form der Teilhabe zur Verfügung zu stellen. Denn gleich in welcher Form Teilhabe umgesetzt wird: Dazu erforderlich ist immer der Mensch, der diese idealen Teilhabemöglichkeiten erkennt und lebt.

Zur Autorin

Seit Anfang 2020 ist Mirjam Luserke Vorstandsmitglied des Verbandes Sächsischer Wohnungsgenossenschaften e. V. Sie steht damit einem Verband vor, der als Mitglieder 208 Wohnungsgenossenschaften in Sachsen mit einem Wohnungsbestand von 297.000 Wohnungen hat. Seit nunmehr über 25 Jahren ist die Juristin bereits im Verband tätig und damit ganz tief mit der genossenschaftlichen Idee und deren Vertretung verwurzelt.

Ringo Lottig

Erfolgreich im Mietermarkt

Die Chemnitzer Siedlungsgemeinschaft eG (CSg) ist eine Genossenschaft mit einer über 100jährigen Tradition. Im Mittelpunkt unseres täglichen Handelns steht die sichere und sozial verantwortbare Versorgung unserer Mitglieder mit Mietwohnungen. Wir bewirtschaften aktuell knapp 5.000 Mietwohnungen in den grünen und zentrumsnah gelegenen Stadtteilen Kaßberg und Altendorf sowie im Stadtteil Bernsdorf. Über 99 Prozent unserer Wohneinheiten sind bautechnisch und energetisch saniert. Durch unser breites, mitgliederorientiertes Angebot an service- und wohnbegleitenden Dienstleistungen bieten wir unseren Mitgliedern weit über das Wohnen hinaus eine Vielzahl von Mehrwerten. So eröffneten wir im Oktober 2009 unsere genossenschaftliche Spareinrichtung. Hier können die Mitglieder der CSg flexibel und sicher ihre Ersparnisse anlegen. Im Gegenzug schafft die Spareinrichtung Flexibilität und Spielräume für die Weiterentwicklung des Wohnungsbestandes. Sehr gern werden von unseren Mitgliedern unsere komfortablen Gästewohnungen gebucht sowie unser genossenschaftseigenes Veranstaltungsareal für Feierlichkeiten und Feste genutzt. Besonders beliebt für Essen – Trinken – Reden ist unser eigenes Café, die CSg Lounge. Die CSg-Servicekarte bietet den Mitgliedern der Genossenschaft darüber hinaus eine Vielzahl von Vergünstigungen bei diversen Dienstleistungspartnern der Stadt.

2021 erhielt die Chemnitzer Siedlungsgemeinschaft eG eine besondere Ehrung. Mit der Verleihung des Top-100-Siegels reiht sich die Genossenschaft in den

Reigen der einhundert besonders innovativen mittelständischen Unternehmen Deutschlands ein. Mit dieser Auszeichnung finden die in den letzten Jahren initiierten, zukunftsweisenden Serviceprojekte bis hin zu besonderen und durchaus außergewöhnlichen Bauprojekten Anerkennung und Motivation zugleich.

Gestatten Sie einen kleinen Blick auf unsere Projekte über den Tellerrand des klassischen Wohnens hinaus: Bereits im Juli 2020 öffnete die von uns neu gebaute und eingerichtete Kindertagesstätte „Kaßberg-Spechte" ihre Türen. Darin finden 100 Krippen- und Kindergartenkinder Betreuung. Der Betreiber dieser integrativen Einrichtung, ein fester und langfristiger Geschäftspartner an unserer Seite, ist die SFZ-Förderzentrum gGmbH. Im Juli 2021 wird nun die zweite Kindertageseinrichtung Ihren Betrieb aufnehmen. Die Kita „Bundspechte" ähnelt in Ihrer Größe und Form dem ersten Kita-Neubau und wird ebenfalls einhundert Kindern das Spielen und Lernen in einer schönen Umgebung ermöglichen.

Li.: Die Kita „Kaßberg-Spechte"; re.: Die Kita „Bundspechte" © Chemnitzer Siedlungsgemeinschaft eG

Beispielgebend für eine zukunftsorientierte Ausrichtung der Genossenschaft ist der Neubau der „Tanzenden Siedlung" auf dem Chemnitzer Kaßberg. Die moderne Wohnanlage besteht aus vier Gebäuden mit insgesamt 40 Wohneinheiten, 58 Tiefgaragenstellplätzen und 15 Carports. Das erste Haus wurde bereits im Januar 2021, sechs Monate vorfristig, an die neuen Mieter übergeben. Die Errichtung der drei weiteren Wohnhäuser wurde bis zum dritten Quartal 2021 planmäßig abgeschlossen.

Die „Tanzende Siedlung“ © Chemnitzer Siedlungsgemeinschaft eG

Großer Wert wurde auch bei dieser Planung auf die Außenanlagen gelegt. Die Häuser umgibt viel Grün. Das allen Mitgliedern offen zur Verfügung stehende Areal mit seiner kleinen Parkanlage findet seinen Höhepunkt in einer sehenswerten Brunnenanlage, den „Tanzenden Steinen“. So soll das entstehende Kleinod ein Ort des Zusammenkommens, ein Stück Heimat werden. Es handelt sich bereits um die dritte Parkanlage der Chemnitzer Siedlungsgemeinschaft eG nach dem Wohnpark am Bernsdorfer Bad und dem Park an der Achatstraße. „Grünem Bauen und Wohnen“ in der Stadt haben wir damit einen Stempel aufgedrückt. Und dies zahlt sich in vielerlei Hinsicht aus. Das Konzept wird von den Bewohnern als ein Stück Heimat und Ort der Begegnung angenommen.

Zurück zu unserer „Tanzenden Siedlung". Ein weiteres Highlight stellt bei diesem Projekt die Integration einer Mieterstromanlage dar. Eigenerzeugter Strom wird in der „Tanzenden Siedlung" im Allgemeinbereich und innerhalb der Wohnungen selbst verbraucht. Darüber hinaus werden alle 58 Tiefgaragen sowie die 15 Carport-Stellplätze Ladepunkte für Elektrofahrzeuge mittels eines gesteuerten Lastmanagements verfügen. Abgerundet wird diese grüne Idee von drei öffentlich zugänglichen Ladesäulen mit einer Leistung von 22 KW bis 175 KW sowie einem E-Carsharing-Standort mittels unserer Ladeverbundmarke „Grüne Säule".

Schnellladesäule am Standort Tanzende Siedlung © Chemnitzer Siedlungsgemeinschaft eG

Unsere Bautätigkeit richtet sich jedoch nicht nur auf den Neubau. Die Bestandsobjekte erleben gerade in den vergangenen Jahren eine regelrechte Renaissance. So aktuell auch in unserem „Baugebiet F5" an der Albert-Schweitzer-Straße. Diese Großbaustelle betreiben wir bereits seit 2019. Bei den insgesamt zehn Wohnhäusern wird neben der Strangsanierung auch die Erneuerung der Fassaden, Balkone, Wohnungseingangstüren etc. durchgeführt. Neben der Gestaltung der Außenanlagen und Schaffung neuer Stellplätze, finden zahlreiche Wohnungssanierungen und Grundrissveränderungen statt. Durch den Bau neuer Maisonette- und Etagenwohnungen entsteht nachgefragter, bezahlbarer Wohnraum für Familien. Im Jahr 2021 wird diese Großmaßnahme termingerecht fertiggestellt sein.

Links: Fassadengestaltung; rechts: Ansicht Baugebiet F5 © Chemnitzer Siedlungsgemeinschaft eG

Dass Wohnen für die CSg mehr als vier Wände ist, verdeutlichen smarte Services wie unter anderem unsere digitalen Haustafeln. Bereits im Jahr 2016 haben wir angefangen, die ursprünglichen Hausaushänge durch digitale Geräte zu ersetzen. Wir können dadurch hochaktuell sein und punktgenau informieren. Gleichzeitig sind Echtzeitfahrpläne der jeweiligen nächsten Haltestellen angebunden und aktuelle Nachrichten des Lokalradios werden abgebildet. Die Chemnitzer Siedlungsgemeinschaft eG war im flächendeckenden Einsatz deutschlandweit der erste Vermieter. Abgerundet wird dieser Service mit einem kostenfreien WLAN–Zugang in den gesamten Wohngebieten der CSg.

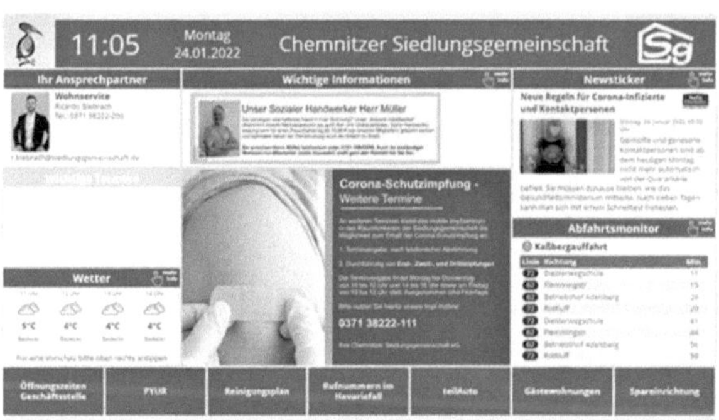

Digitale Haustafel © Chemnitzer Siedlungsgemeinschaft eG

Den großen Nutzen derartiger Instrumente erkennt man aktuell an der Organisation unseres eigenen Impfzentrums. Weil die Corona-Impfungen nur sehr schleppend anliefen und die Terminvergabe umständlich eingerichtet war, haben wir die Sache selbst in die Hand genommen. Im März 2021 hatte die CSg gemeinsam mit dem DRK einen Impfmarathon bei den Mitgliedern und darüber hinaus gestartet. Über die digitalen Haustafeln in den Wohngebäuden der CSg wurden die Mieter über die Impfungen innerhalb der Räumlichkeiten der Genossenschaft informiert. Die persönliche Terminvereinbarung war dann in den Folgetagen jeweils über eine eigens von der CSg eingerichteten Hotline individuell und unkompliziert möglich. Waren weiterere Hilfestellungen notwendig, standen der CSg – „Soziale Hausmeister" und der CSg – „Soziale Handwerker" zur Seite. Ein Serviceangebot, welches nicht mehr wegzudenken ist. Ein Nutzen für alle: für unsere Mitglieder, für die Genossenschaft, für die Gesellschaft; ein Engagement über das Anbieten von Wohnraum hinaus; ein Stück Heimat, ein Stück wir.

Links: Wohnpark Achatstraße; rechts: Wohnpark am Bernsdorfer Bad mit CSg Lounge ©Chemnitzer Siedlungsgemeinschaft eG

Zum Autor

Ringo Lottig ist Vorstand in der Chemnitzer Siedlungsgemeinschaft eG.

Thomas Keiderling

25 Jahre Delitzscher Gespräch. Ein Rückblick

Seit 1995 ist das von der Deutschen Hermann-Schulze-Delitzsch-Gesellschaft e. V. veranstaltete Delitzscher Gespräch als überregional bekannte Plattform für genossenschaftliche Diskurse bekannt. Mittlerweile ist es eine Institution geworden, ja ein Aushängeschild unserer Gesellschaft.[21] Auf dem Delitzscher Gespräch traten und treten nicht nur Akteure aus Genossenschaften, aus genossenschaftlichen Organisationen und (Dach-)Verbänden auf, sondern auch Wissenschaftler sowie Bundes-, Landes- und Kommunalpolitiker. Sie referieren über aktuelle politische, wirtschaftliche und soziale Fragen rund um Genossenschaften und die Genossenschaftsidee. Erklärtes Ziel der Veranstaltungsreihe ist es, auch Werbung für die attraktive und alternative Rechtsform der eingetragenen Genossenschaft zu machen – auch und gerade in neue, jüngere Kreise hinein.[22] Im Schnitt besuchten ca. 60 bis 100 Gäste die Tagungen. Alle Gespräche fanden natürlich in Delitzsch statt, wie der Name schon sagt, so etwa im Bürgerhaus Delitzsch, im Tagungshotel Zum Weissen Ross, in der Volksbank Leipzig eG, in der Eventlokation Markt 20, im Rathaussaal Delitzsch sowie im Museum Barockschloss Delitzsch.

Der vorliegende Beitrag möchte einen kurzen Überblick über das breite Themenspektrum des Delitzscher Gesprächs geben. Die Anzahl der gehaltenen

[21] Eine erste Bilanzierung gab es 2008, vgl. Wolfgang Allert: Die Delitzscher Gespräche. Hermann Schulze-Delitzsch zu Ehren und allen zum Nutzen. In: Förderverein Hermann Schulze-Delitzsch (Hg.): Hermann Schulze-Delitzsch. Weg – Werk – Wirkung, Festschrift zum 200. Geburtstag am 29. August 2008, Delitzsch 2008, S. 394–409.

[22] Vgl. ebenda, S. 396.

Referate schwankte pro Gespräch zwischen vier und neun. Insgesamt handelt es sich, zieht man einmal die Grußworte und reinen Diskussionsrunden ab, um knapp 150 Tagungsbeiträge. Eine beachtliche Zahl.[23] Bereits 2008 wurde bilanziert, es handelt sich um ein „Who's Who" des deutschsprachigen Genossenschaftswesens.[24] 25 Tagungen in 25 Jahren – das lässt einen sehr konsequenten, jährlichen Rhythmus vermuten. Sieht man aber genau hin, dann gab es Phasen intensiverer und wenig intensiver Gespräche: In drei Jahren – 1995, 1998 und 2004 – fanden zwei Treffen statt, je im Frühjahr und im Herbst. In den Jahren 1997, 2003, 2012 und 2013 waren keine vorgesehen. Und 2020 musste ein geplantes Treffen pandemiebedingt sogar abgesagt werden.

Die behandelten Themen waren dabei stets aktuell angelegt. So gab es drei Tagungen zu politischen Umbrüchen, etwa das erste Delitzscher Gespräch zu den Genossenschaften in den neuen Bundesländern und das zweite zur Situation des Genossenschaftswesens in Mittel- und Osteuropa (beide 1995) und wieder zur Lage ostdeutscher Genossenschaften – 15 Jahre nach der deutschen Wiedervereinigung (12/2005). 2016 wurde generell gefragt, welche Rolle Genossenschaften bzw. Genossenschaftsgründungen und gesellschaftlichen Umbrüchen spielen.

Das genossenschaftliche Recht bzw. das Genossenschaftsgesetz standen zwei Mal zur Diskussion, nämlich auf dem 13. Delitzscher Gespräch 2006 und auf dem 18. Treffen 2011. Vier Tagungen nahmen konkrete genossenschaftliche Formen bzw. Spezialisierungen in den Blick: die gewerblichen Produktionsgenossenschaften (03/1996), die Kreditgenossenschaften (07/2000), die Produktivgenossenschaften (08/2001) und die Wohnungsgenossenschaften (25/2020). Manchmal ging es auch um eine aktuelle Verortung der

[23] Bei dieser Angabe ist das ausgefallene Delitzscher Gespräch mit seinen fünf Referaten nicht enthalten.
[24] Vgl. Wolfgang Allert: Die Delitzscher Gespräche (siehe Anmerkung 21), S. 403.

Genossenschaftsidee – so Genossenschaften an der Schwelle eines neuen Jahrtausends (06/1999), Genossenschaften zwischen historischer Vision und realer Perspektive (09/2002), Die Ideen von Schulze-Delitzsch. Chancen für die Zukunft? (10/2004), Genossenschaften im Strudel von Veränderungen (15/2008), Deutschland 20 Jahre grenzenlos. Eine genossenschaftliche Bestandsaufnahme (17/2010).

Verbandspolitik — Sächsisches Genossenschaftsblatt Nr. 3/95 Seite 5

„Delitzscher Gespräche" dienen genossenschaftlicher Kommunikation

Gesprächsreihe erfolgreich angelaufen/ Zusammenarbeit mit Wissenschaft soll beständiger werden

Das Wort von Hermann Schulze-Delitzsch „Der Geist der freien Genossenschaft ist der Geist der modernen Gesellschaft" steht gewissermaßen als Sinnbild für die Veranstaltungsreihe „Delitzscher Gespräche". Anliegen der Veranstalter, dem Vorstand des Genossenschaftsverbandes und der Redaktion des „Sächsischen Genossenschaftsblattes" ist es, diese Gesprächsrunde neuen Fragen der Praxis und Theorie für das Genossenschaftswesen in Sachsen und Ostthüringen in freier Form zu widmen. Dabei werden die Autoren der genossenschaftlichen Medien einbezogen. So stand auch im Mittelpunkt der Diskussion im Schulze-Delitzsch-Haus und im Rathaussaal von Delitzsch am 17. Februar die „Situation und Möglichkeiten der genossenschaftlichen Entwicklung". Der **Vorsitzende des Verbandsrates des GVS, Dietmar Rösch** begrüßte Vertreter der Fachvereinigungen des GVS,

Bericht über das erste Delitzscher Gespräch. In: Sächs. Genossenschaftsblatt 3/1995.

Zwei Tagungen befassten sich mit dem Förder(ungs)auftrag von Genossenschaften (05/1998 und 24/2019), eine mit der zeitgemäßen Kommunikation der Genossenschaften (04/1998) und wiederum eine nahm die Frage von Neugründungen auf, unter dem Slogan „Neue Genossenschaften braucht das Land" (11/2004). Auch das spannende Thema nach Nachhaltigkeit, Regionalität bzw. Globalität von Genossenschaften wurde 2009, 2014 und 2018 aufgegriffen.

Grundsätzliche Fragen zu den Mitgliedern, Gremien und Manager von Genossenschaften spielten 2007 und zu Werten und Leitbildern von Genossenschaftlern 2015 eine Rolle.

Nachdem es 2016 gelang, die Genossenschaftsidee durch einen entsprechenden, erfolgreichen Antrag der Schulze-Delitzsch-Gesellschaft und der Raiffeisen-Gesellschaft als Immaterielles Kulturerbe der UNESCO anzumelden, wurde prompt 2017 die Frage des Kulturerbes beim 22. Treffen aufgenommen.

In den früheren Jahren wurden die Ergebnisse des Delitzscher Gesprächs zum Teil in Sonderdrucken publiziert. Seit dem 21. Delitzscher Gespräch (2016) ging die Schulze-Delitzsch-Gesellschaft dazu über, die Ergebnisse in der eigenen Schriftenreihe zu publizieren, die auch an die Mitglieder ausgegeben werden. Zuvor nahm die Schriftenreihe Einzeldarstellungen zu Schulze-Delitzsch sowie zur Geschichte und Gegenwart des Genossenschaftswesens auf, zumeist aus der Feder eines Autors oder einer Autorin. Beim 24. Delitzscher Gespräch (2019) wurde sogar die hoch interessante Diskussionsrunde „Wie glaubwürdig und innovativ sind Genossenschaften heute?“ in einer Transkription mit veröffentlicht. Ein Novum bislang.[25]

Bleibt die Frage: Wie wird es thematisch weitergehen mit dem Delitzscher Gespräch? Ist nicht längst alles gesagt und ausdiskutiert? Keineswegs! Neben der Möglichkeit, Themen quasi wieder aufgreifend zu aktualisieren, gibt es noch viele nicht beackerte Felder. So wurden längst nicht alle Spezialisierungen, rechtlichen und organisatorischen Felder oder Verknüpfungen von historischen Ideen mit aktuellen Entwicklungen aufgegriffen. Worin besteht die Überlegenheit, die Chance von Genossenschaften im Vergleich zu anderen

---

[25] Vgl. Theresia Theurl u. a.: Genossenschaften leben – Wie wird der Förderungsauftrag umgesetzt?, Schriftenreihe Heft 24, Delitzsch 2020, S. 65–79.

Unternehmensformen? Und wie erfolgreich bzw. mit welchen Problemen arbeiten Genossenschaften im kulturellen Sektor? Ferner ist die vergleichende Fragestellung längst nicht ausgereizt? Warum gibt es Regionen mit einer gesteigerten und nicht so intensiven Genossenschaftstradition und was können wir daraus lernen?

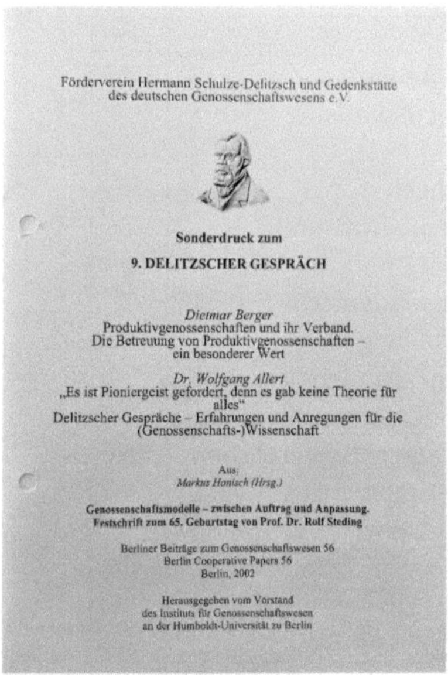

Förderverein Hermann Schulze-Delitzsch und Gedenkstätte des deutschen Genossenschaftswesens e.V.

Sonderdruck zum

9. DELITZSCHER GESPRÄCH

Dietmar Berger
Produktivgenossenschaften und ihr Verband.
Die Betreuung von Produktivgenossenschaften – ein besonderer Wert

Dr. Wolfgang Allert
„Es ist Pioniergeist gefordert, denn es gab keine Theorie für alles"
Delitzscher Gespräche – Erfahrungen und Anregungen für die (Genossenschafts-)Wissenschaft

Aus:
Markus Honisch (Hrsg.)

Genossenschaftsmodelle – zwischen Auftrag und Anpassung.
Festschrift zum 65. Geburtstag von Prof. Dr. Rolf Steding

Berliner Beiträge zum Genossenschaftswesen 56
Berlin Cooperative Papers 56
Berlin, 2002

Herausgegeben vom Vorstand
des Instituts für Genossenschaftswesen
an der Humboldt-Universität zu Berlin

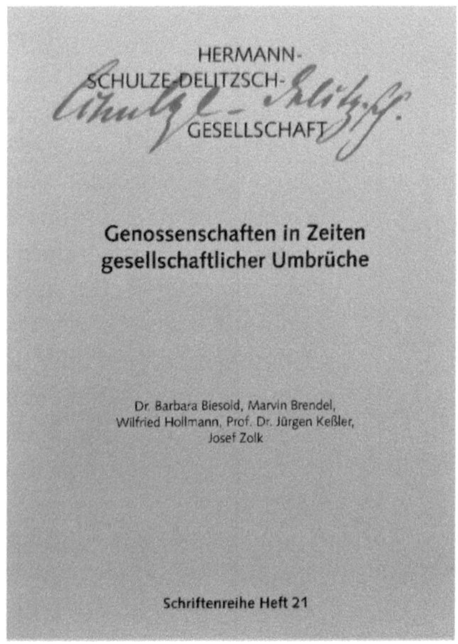

HERMANN-SCHULZE-DELITZSCH-GESELLSCHAFT

Genossenschaften in Zeiten gesellschaftlicher Umbrüche

Dr. Barbara Biesold, Marvin Brendel, Wilfried Hollmann, Prof. Dr. Jürgen Keßler, Josef Zolk

Schriftenreihe Heft 21

Links: In den Anfangsjahren gab es Sonderdrucke zum Delitzscher Gespräch; rechts: Seit dem Heft 21 (2017) erscheinen die Tagungsergebnisse in unserer Schriftenreihe. © DHSDG, Delitzsch

Künftig wird das Delitzscher Gespräch im Zweijahres-Rhythmus fortgesetzt. Denn nach einem Beschluss der Raiffeisen-Gesellschaft und Schulze-Delitzsch-Gesellschaft auf dem ersten Wartburg-Treffen 2019 gibt es eine neue, gemeinsame Tagungsreihe „Genossenschaftsidee leben!", die im Wechsel mit dem Delitzscher Gespräch alle zwei Jahre an unterschiedlichen Orten in Deutschland stattfinden und aufgrund des Einflussbereiches beider Veranstalter ein noch größeres Publikum anziehen wird. 2021 ist die neue Reihe in Dresden zum Thema „Genossenschaften zwischen nachhaltigem Wirken und sozialer Verantwortung“ pandemiebedingt in rein virtueller Form gestartet. Die mediale Aufmerksamkeit war beachtlich.

Das Delitzscher Gespräch im thematischen Überblick 1995–2020

Nr.	Thema	Jahr
01	Die Genossenschaften in den neuen Bundesländern. Der Übergang in die Marktwirtschaft	1995
02	Zur Situation und den Möglichkeiten des Genossenschaftswesens in den mittel- und osteuropäischen Ländern beim Übergang in die Marktwirtschaft. Die spezielle ostdeutsche Verantwortung bei der Hilfestellung für Genossenschaften oder neu zu gründen den Unternehmen in den ehemaligen Partnerländern	1995
03	Genossenschaftliche Demokratie in Gewerblichen Produktivgenossenschaften – Stand und Aussichten	1996
04	Zeitgemäße Kommunikation der Genossenschaften – eine nicht zu unterschätzende Aufgabe	1998
05	Der Genossenschaftliche Förderauftrag – Vorteil oder Klotz am Bein? Antworten zur Zukunftssicherung der Genossenschaften durch den Ausbau vorhandener Stärken	1998
06	Die Genossenschaften an der Schwelle eines neuen Jahrtausends – Abkunft und Zukunft der eG	1999
07	Genossenschaften im Spannungsfeld von genossenschaftlicher Tradition und marktwirtschaftlicher Anpassung. Das Beispiel der Kreditgenossenschaften anlässlich des 150. Gründungsjubiläums der Volksbank Delitzsch	2000
08	Produktivgenossenschaften – Chancen und Risiken eines Unternehmensmodells	2001
09	Genossenschaften zwischen historischer Vision und realer Perspektive	2002

Nr.	Thema	Jahr
10	Die Ideen von Schulze-Delitzsch. Chancen für die Zukunft?	2004
11	Neue Genossenschaften braucht das Land	2004
12	Ostdeutsche Genossenschaften –15 Jahre nach der deutschen Wiedervereinigung	2005
13	Die Genossenschaftsidee zwischen Tradition und Innovation. Neue Chancen durch das novellierte Genossenschaftsrecht	2006
14	Mitglieder, Gremien, Manager der Genossenschaften	2007
15	Genossenschaften im Strudel von Veränderungen	2008
16	Genossenschaftliche Antworten auf globale und gesellschaftliche Herausforderungen	2009
17	Deutschland 20 Jahre grenzenlos. Eine genossenschaftliche Bestandsaufnahme	2010
18	Fünf Jahre novelliertes Genossenschaftsgesetz. Wie sehen die (Ver-)Änderungen aus?	2011
19	Genossenschaftliche Antworten auf regionale Herausforderungen im ländlichen Raum	2014
20	Genossenschaftliche Werte und Leitbilder. Tradition und Zukunft	2015
21	Genossenschaften in Zeiten gesellschaftlicher Umbrüche	2016
22	Kulturerbe der Menschheit – Genossenschaften in Entwicklungs- und Schwellenländern	2017
23	Regional. Nachhaltig. Demokratisch. Genossenschaften als alternatives Wirtschaftsmodell	2018
24	Genossenschaft leben – Wie wird der Förderungsauftrag umgesetzt?	2019
25	Wohnen in Genossenschaften *(coronabedingt ausgefallen)*	2020

Zum Autor

Dr. Thomas Keiderling ist leitender Kurator des Deutschen Genossenschafts-museums in Delitzsch.

Veranstaltungen und ausgewählte Aktivitäten der Deutschen Hermann-Schulze-Delitzsch-Gesellschaft e. V. 2020 und 2021

Der Zweijahresrückblick ist geprägt von den schmerzlichen Erfahrungen der Corona-Pandemie. Viele Veranstaltungen mussten abgesagt, das Museum für Monate geschlossen werden. Dennoch können wir auch positiv auf diese Zeit zurückblicken. Es ist trotz der schwierigen Rahmenbedingungen gelungen, sowohl die Modernisierung der Dauerausstellung voranzutreiben als auch neue Unterstützer für unsere Gesellschaft und das Deutsche Genossenschaftsmuseum zu gewinnen.

Aber zurück zum Anfang des Berichtszeitraums: Das Jahr 2020 begann verheißungsvoll. Am 15. Januar fand die gut besuchte Abendveranstaltung statt: „Solidarische Gemüsegenossenschaften stellen sich vor!“ Die neu gegründete Agrargenossenschaft KoLa Leipzig eG – der Name steht nicht etwa für ein Kaltgetränk, sondern für Kooperative Landwirtschaft – präsentierte sich. Anschließend gab es eine Verkostung und rege Diskussion über die Chancen nachhaltiger, genossenschaftlicher Tätigkeit auf diesem Gebiet.[26]

Ebenfalls im Januar 2020 wurde per Genehmigung des Sächsischen Landesamts für Straßenbau und Verkehr (LaSuV) eine neue touristische Hinweistafel für die Delitzscher Genossenschaftsidee aufgestellt, die zugleich das UNESCO Kulturerbe der Menschheit würdigt. Die Tafel wurde an der Autobahn 14 in Fahrtrichtung Magdeburg kurz vor der Landesgrenze zu Sachsen-Anhalt errichtet. Die nicht geringen Kosten übernahm die Schulze-Delitzsch-Gesellschaft in voller Höhe. Einschließlich der Hinweisschilder zum

[26] Die KoLa Leipzig eG ist mit heute über 1.500 Mitgliedern auf dem Weg der Konsolidierung. Vgl. URL: https://kolaleipzig.de/ [letzter Zugriff: 28.02.2022].

„Barockschloss Delitzsch“ und zur „Stadt der Türme“ werben mittlerweile drei touristische Hinweistafeln an den Bundesautobahnen 9 und 14 für Delitzsch. Schon so einige Gäste bestätigten uns, dass sie aufgrund dieses Schildes den Blinker für einen Spontanbesuch betätigt hatten.

Neue touristische Hinweistafel an der A14, 2021 © DHSDG, Delitzsch

Am 5. März 2020 wurde der große Veranstaltungsraum und kleinere Museumsraum im Erdgeschoss nach der Modernisierung mit vielen Gästen und Pressevertretern eingeweiht. Besondere Aufmerksamkeit erregten die neu gestaltete Weltkarte der Genossenschaften sowie die UNESCO-Wandgestaltung, die von der erfolgreichen Beantragung unserer Gesellschaft berichtet, die Genossenschaftsidee als Immaterielles Kulturerbe der Menschheit anzuerkennen. Der auf diese Weise veränderte Veranstaltungsraum kann künftig nicht nur für Museumsevents, sondern auch für Meetings und Workshops anderer Interessenten auf Anfrage kostenfrei genutzt werden.

Wenige Tage später, am 13. März, lud unser Museum erneut zu einer Lesung ein. Der ehemalige leitende Kurator Dr. Enrico Hochmuth präsentierte sein Buch „Kooperativ wirtschaften – genossenschaftlich bauen“ (Mitautor: Prof. Dirk Schaal, erschienen im Mitteldeutschen Verlag in Halle an der Saale 2019). Es handelte sich um den letzten Tag vor dem ersten Corona-Lockdown und somit erschienen leider nur wenige Interessenten. Dann wurde unser Museum pandemiebedingt bis Mitte Mai geschlossen. Während dieser Zeit wurde eine weitere Homepage gestaltet und aufgeschaltet, die wir seitdem gemeinsam mit der Deutschen Friedrich-Wilhelm-Raiffeisen-Gesellschaft e. V. unter der Adresse https://www.genossenschaftsidee.de/ betreiben. Sie trägt intern den Namen „Landingpage“, weil sie bei entsprechenden Google-Suchen prominent angezeigt wird und auf die Internetauftritte unserer beiden Gesellschaften verweist. Ihr Ziel ist es zudem, auf die gemeinsamen Aktivitäten beider Gesellschaften aufmerksam zu machen. Hierzu gehört die neue, gemeinsame Tagungsreihe „Genossenschaftsidee leben!“, aber auch weitere Vorhaben.

Unser für den 16. April geplantes 25. Delitzscher Gespräch musste leider pandemiebedingt ausfallen. Es wollte sich dem stets aktuellen Thema „Wohnen in Genossenschaften“ widmen. Zwischenzeitlich gab es noch die Überlegung, das Gespräch auf den Spätherbst zu verlegen. Jedoch erschien dem Vereinsvorstand die Planung als zu unsicher. – Dieser Eindruck bestätigte sich im Nachhinein auch durch den dramatischen Fortgang des Pandemie-Geschehens. Dafür ist es gelungen, mit dem vorliegenden Heft 25 unserer Schriftenreihe einige der nicht gehaltenen Vorträge zu veröffentlichen. Hinzu kamen Beiträge, die zur eigentlichen Tagung nicht geplant waren und die ausgefallene ersetzen.

Im Juni 2020 trat das Deutsche Hygienemuseum Dresden mit der Bitte an uns heran, zwei bedeutsame Exponate, die Teil der Dauerausstellung im Deutschen Genossenschaftsmuseum sind, in der 4. Sächsischen Landesausstellung „Boom. 500 Jahre Industriekultur in Sachsen“ zeigen zu können. Es handelte sich um einen 70 cm hohen, versilberten Tafelaufsatz, der 1875 Schulze-Delitzsch gewidmet und überreicht wurde, und um ein Gipsmodell des Schulze-Delitzsch-Denkmals auf dem hiesigen Marienplatz. Besitzer beider Prunkstücke ist das Museum Barockschloss Delitzsch. Die Leihgaben wurden bis zum 31. Dezember in Zwickau einem großen Publikum gezeigt.

Im September 2020 hieß es: „Jetzt bekommt unser Museums was aufs Dach“. Es war nicht so, dass wir etwas falsch gemacht hätten! Nein, nun ging es an die zuvor wiederholt diskutierte Planung, den überdachten, ca. 25 m^2 großen Innenhof museal zu nutzen. Noch standen hier Mülltonnen und alte Gartenstühle und -tische. Vor allem in den trockenen Sommermonaten wurde es hier unerträglich heiß, weil sich die Luft unter dem Dach enorm aufheizte. Es war sprichwörtlich wie in einem Gewächshaus. Die Lösung bestand darin, dass wir auf das Dach eine spezielle UV-Schutzfolie aufbringen ließen, die zugleich das Sonnenlicht um ca. 20 Prozent dimmt. Somit wurde eine Kühlung erreicht und zugleich konnte man darunter für angedachte Sonderausstellungen selbst an sonnigen Tagen eine bessere Optik erzielen, wie beim Aufsetzen einer Sonnenbrille.

Am 3. November schloss erneut unser Museum gemäß der Corona-Verordnung. Zunächst hieß es: „nur für drei Wochen“. Letztlich blieben die Museen in Sachsen bis zum 25. Mai 2021 mehr als ein halbes Jahr lang geschlossen.

Im November 2020 erklärte die Arbeitsgemeinschaft „Orte der Demokratiegeschichte“ das Deutsche Genossenschaftsmuseum in Delitzsch zu einem solchen. Erklärtes Projektziel ist es, die Wahrnehmung der deutschen Demokratie- und Freiheitsgeschichte lokal, regional und deutschlandweit zu fördern und darüber demokratische Teilhabe und Zivilcourage anzuregen. Da Demokratie, Grund- und Menschenrechte nicht selbstverständlich sind, schaltete die Arbeitsgemeinschaft ein Portal unter der Internetadresse www.demokratie-geschichte.de frei. Auf einer Deutschlandkarte werden 100 repräsentative Orte gezeigt, an denen Demokratiegeschichte geschrieben wurde und zu Recht wird unsere Gedenkstätte – übrigens neben dem Deutschen Raiffeisenmuseum in Hamm (Sieg) – mit genannt. Unsere Gesellschaft und unser Museum fühlen sich ob dieser Auszeichnung geehrt.

2021 gestaltete Museums-Postkarte © DHSDG, Delitzsch

In der Begründung des Projektleiters Dr. Markus Lang heißt es: „Das Schulze-Delitzsch-Haus bzw. das Deutsche Genossenschaftsmuseum würdigt den demokratischen Charakter dieser Wirtschaftsform. Das Genossenschaftswesen steht für Selbsthilfe, Selbstverwaltung und Solidarität. Es handelt sich um wichtige demokratische Bürgertugenden."[27] Im April 2021 erhielt denn auch unsere Einrichtung ein Schild, auf dem der neue Titel erwähnt wird. In einem Facebook- und Instagram-Post schrieben wir, dass wir stolz auf unseren kleinen „Schilderwald" an der Eingangstür sind, denn dort wird auch auf den von uns 2017 erfolgreich beantragten UNESO-Titel verwiesen.

Seit dem Januar 2021 berichteten wir über unsere Newsletter und Social-Media-Accounts immer wieder von dem entstehenden virtuellen Rundgang. Die Corona-Zeit hatten viele Museen genutzt, um Interessenten wenigstens einen solchen zu bieten. Mit unserem Gestalter Stefan Schulte in Dresden entwarfen wir in vielen Arbeitsstufen ein 3D-Modell unseres Hauses. Anschließend wurden zwölf der interessantesten Objekte ausgewählt – in der Tat kein leichtes Unterfangen bei den doch vielen Ausstellungsstücken. Und am 22. Februar 2021 erfolgte die Freischaltung auf einer neu gestalteten Unterseite unserer Homepage.[28] Fünf Stationen des Erdgeschosses und sieben des Obergeschosses stellen seitdem ausgewählte Exponate und Wandgestaltungen vor. Hierzu gehören u. a. ein historischer Reisepass von Schulze-Delitzsch, seine hier im historischen Gebäude 1849 gegründete frühe Handwerker-Einkaufsgenossenschaft, seine Idee eines Vorschussvereins – die über viele Stufen hin zur Volksbank führte, Schulze-Delitzsch als Parlamentarier und Briefautor, und seine postume Würdigung durch Denkmäler oder der erfolgreiche UNESCO-Antrag unserer Trägerorganisation, der Deutschen Hermann-Schulze-Delitzsch-Gesellschaft.

---

[27] Man kann unseren Eintrag direkt aufrufen unter: URL: https://demokratie-geschichte.de/karte/2168 [letzter Zugriff: 28.02.2022].

[28] Die Adresse lautet: URL: https://genossenschaftsmuseum.de/rundgang/ [letzter Zugriff: 28.02.2022].

Das Feedback des virtuellen Rundgangs war gewaltig! Uns erreichten zahlreiche lobende Kommentare via Facebook oder per E-Mail. Wir wurden sogar von mdr Kultur auf einer Internetseite vorgestellt, die beispielgebend gelungene virtuelle Rundgänge von regionalen Museen präsentierte.[29] Natürlich war und ist dieser Rundgang nur als ein Teaser, ein „Appetitmacher“ in Zeiten musealer Enthaltsamkeit gedacht. Sobald das Museum seine Pforten wieder öffnet, sollte sich der geneigte Besucher selbst von unserer Einrichtung überzeugen. Durchschnittlich verbringen Gäste fast eine Stunde in unserem Haus, so viel gibt es zu entdecken!

2021 gestaltete Museums-Postkarte © DHSDG, Delitzsch

[29] Dort sind wir immer noch zu sehen: URL: https://www.mdr.de/kultur/ausstellungen/corona-museen-virtuell-100.html [letzter Zugriff: 28.02.2022].

Stichwort digital. Dazu gehört auch, mit der Computertechnik auf der Höhe der Zeit zu sein. Leider gehörten seit längerem Rechner-Abstürze oder ein schlechtes W-LAN zum Büroalltag. Einige der von uns genutzten Rechner stammten vermutlich sogar aus den 1990er Jahren. Durch Einwerbung neuer Spenden, vor allem durch das noch weiter unten vorzustellende „Würfelprojekt", wurde es im März 2021 möglich, die Büro-PC-Technik komplett zu erneuern. Dazu zählen nicht nur leistungsstarke Desktops, sondern auch zwei Monitore mit integrierten Lautsprechern und Kameras, die für Videokonferenzen bestens ausgerüstet sind.

Am 15. April 2021 fand bei regem Besucherverkehr die Wiedereröffnung einer Delitzscher Filiale von Konsum Leipzig in der Beerendorfer Straße statt. Die Neugestaltung wurde dazu genutzt, um an die Wurzeln der Genossenschaftsidee in Delitzsch zu erinnern. Die Filiale präsentiert sich ausgesprochen modern, u. a. mit großer Obst- und Gemüseabteilung sowie Fleischtheke. An der Fassade und im Verkaufsraum werden großformatige Fotos des Delitzscher Genossenschaftsgründers Schulze-Delitzsch und des hiesigen Genossenschaftsmuseums gezeigt. Auf Ihren Schulze-Delitzsch können die Delitzscher auch heute noch stolz sein!

Nach offizieller Begrüßung durch den Konsum-Vorstand Dirk Thärichen wurde gemeinsam mit seinem Vorstandskollegen Michael Faupel, dem Delitzscher Oberbürgermeister Dr. Manfred Wilde und der Filialleiterin Karla Bredernitz ein Trompetenbaum angepflanzt. Die Konsum-Genossenschaft Leipzig erinnert mit ihrer Aktion an Schulze-Delitzsch und überreichte dem Leiter des Genossenschaftsmuseums Dr. Keiderling zudem noch einen Blankospendenscheck. In welcher Höhe? Das war zu diesem Zeitpunkt noch nicht bekannt. Nur so viel: Für jeden Besucher der ersten drei Tage erhält das Genossenschaftsmuseum einen Euro. Der Betrag soll in die derzeitige Modernisierung der Dauerausstellung einfließen.

Im Juni war es denn soweit. Konsum Leipzig überreichte dem Deutschen Genossenschaftsmuseum im Schulze-Delitzsch-Haus eine Spende in Höhe von 3.333,00 Euro. An diesem Tag übergab Konsum-Vorstand Dirk Thärichen dem Vorstandsvorsitzenden der Schulze-Delitzsch-Gesellschaft Dr. Axel Viehweger einen entsprechenden symbolischen Scheck. Wir bedanken uns herzlich bei der Konsum Leipzig eG!

Blick in den Veranstaltungsraum unserer Dresdner Auftaktveranstaltung „Genossenschaftsidee leben!“, April 2021 © DHSDG, Delitzsch

Am 30. April 2021 fand in Dresden die Auftaktveranstaltung der neuen, gemeinsam mit der Raiffeisen-Gesellschaft ausgerichteten Tagungsreihe „Genossenschaftsidee leben!“ statt. Der konkrete Tagungstitel lautete: „Genossenschaften zwischen nachhaltigem Wirken und sozialer Verantwortung“. Die Werbetrommel wurde fleißig gerührt. Allerdings nahmen die

Unsicherheiten mit Heranrücken des Termins immer mehr zu. Ausgegangen waren die Veranstalter von einer Präsenzveranstaltung, dann ging sie zu einer Hybrid-Version über: vor Ort sollte eine wie auch immer reduzierte Teilnehmerzahl zugelassen und viele weitere Interessenten via Zoom zugeschaltet sein. Allerdings verschärfte sich die Corona-Krise und damit die entsprechenden Schutzmaßnahmen weiter. Es blieb nur eine Lösung: eine fast hundertprozentige digitale Veranstaltung. Im Dresdner Studio, es handelte sich um einen lichtdurchfluteten, modernen Konferenzraum der Wohnungsgenossenschaft Johannstadt eG, befand sich die Aufzeichnungs- und Übertragungstechnik. Ebenfalls vor Ort waren einige Redner und als Diskussionsleiter der Vorstandsvorsitzender der DHSDG Dr. Axel Viehweger. Nach mehreren Grußworten, unter anderem durch den sächsischen Ministerpräsidenten Michael Kretschmer, trugen engagierte Kenner auf dem Genossenschaftsgebiet neueste Erkenntnisse zu der Frage vor, wie Genossenschaften nachhaltig und sozial verantwortlich handeln können. Die Referenten kamen u. a. aus folgenden genossenschaftlichen Einrichtungen: International Co-operative Alliance, Deutscher Genossenschafts- und Raiffeisenverband, BioBoden Genossenschaft eG RiffReporter – die Genossenschaft für freien Journalismus eG, NEW – Neue Energien West eG und WGJ Wohnungsgenossenschaft Johannstadt eG. Über die laufende Veranstaltung, die zu Spitzenzeiten ca. 100 Gäste online verfolgten, wurde zusätzlich getwittert und via Facebook sowie Instagram berichtet. Unsere, gemeinsam mit der Raiffeisen-Gesellschaft ausgerichtete Tagung wurde ein voller Erfolg! Während die Referate der Delitzscher Gespräche zumeist in der Schriftenreihe der Schulze-Delitzsch-Gesellschaft erscheinen, wurden die Referate der Tagungsreihe „Genossenschaftsidee leben!“ auf der gemeinsamen Homepage unserer beiden

Gesellschaften als Video eingestellt und sind somit auf Dauer nachzuhören und nachzuschauen. Viele haben davon bereits Gebrauch gemacht.[30]

In den letzten beiden Jahren schritt ein weiteres Großprojekt zügig voran. Wir haben unsere Handbibliothek zu Schulze-Delitzsch und zum Genossenschaftswesen digital in einer Excel-Datei erfasst. Das ist wichtig, damit wir erstens genau wissen, welche Bücher sich überhaupt in unserem Besitz befinden und welche nicht. Zweitens können wir nun über eine vergebene Signaturnummer im Bedarfsfall rasch auf diese Publikationen zugreifen. Da sich auch noch einige Zeitschriften zum Genossenschaftswesen in unserem Besitz befinden, haben wir deren Artikel gleich miterfasst. Manchmal werden wir nämlich um Auskunft geben, ob es zu dieser oder jener Genossenschaft oder zu speziellen Themen Aufsätze oder Buchpublikationen gibt. Seit Februar 2022 steht auf unserer Homepage eine PDF-Liste online, bei denen sich Interessierte selbst über unseren Buch- und Aufsatzbestand informieren können.[31] Sie weist nach dem aktuellen Stand über 1.300 wissenschaftliche Artikel und über 800 Buchpublikationen aus. Aus dem 19. Jahrhundert gibt es 53 Bücher, davon 26 in unserer Dauerausstellung. Darunter befinden sich auch Werke und Aufsätze, die Hermann Schulze-Delitzsch selbst verfasste. Wer gern mal ein Buch vom Genossenschaftsgründer lesen möchte, kann unsere Bibliothek besuchen. Zudem haben wir von ausgewählten historischen Schriften aus dem 19. Jahrhundert digitale Scans angefertigt, die bei Interesse angefragt bzw. sogar zugeschickt werden können. Schließlich nutzen unsere Gesellschaft und das Museumsteam auch immer wieder Gelegenheiten, um noch nicht vorhandenes Schriftgut – in einem finanziell bescheidenen Rahmen freilich – antiquarisch

[30] Bericht von der Tagung mit Links zu den auf YouTube eingestellten Videos: URL: https://www.genossenschaftsidee.de/content/genossenschaftsidee/de/die-genossenschaftsidee/TagungGenossenschaftsidee.html [letzter Zugriff: 28.02.2022].
[31] Vgl. URL: https://genossenschaftsmuseum.de/bibliothek/ [letzter Zugriff: 28.02.2022].

anzukaufen. Im vorigen Jahr erwarben wir so den 16seitigen Druck einer bedeutenden Rede von Schulze-Delitzsch „Arbeit und Bildung“, die er 1861 vor dem Berliner Handwerker-Verein hielt. Die Rede erschien im genannten Jahr im Berliner Verlag Franz Duncker. Als Parlamentarier im Preußischen Abgeordnetenhaus und im Norddeutschen Reichstag sowie als Armen-Advokat in Delitzsch stellte Schulze-Delitzsch die soziale Frage in den Mittelpunkt seiner politischen Tätigkeit. Deren Lösung sah er in der genossenschaftlichen Selbsthilfe und in solidarischen Produktions-genossenschaften. „Arbeit und Bildung“ stand nach seiner Auffassung in einem engen Zusammenhang. „Bildung und nochmals Bildung!“ wurde auch das Credo der liberalen Arbeiterpolitik von Schulze-Delitzsch und der 1861 unter seiner Beteiligung gegründeten Deutschen Fortschrittspartei.

In den Jahren 2020 bis 2022 erneuerte unser Museum die Präsentation von ausgewählten Genossenschaften. Seit 2010 wurden bereits Genossenschaften im Eingangsbereich an drehbaren Würfeln vorgestellt. Mittlerweile waren diese Präsentationen allerdings veraltet, einige existierten schon längst nicht mehr.

Das Würfelprojekt präsentiert Genossenschaften © DHSDG, Delitzsch

Daher startete im Herbst 2020 das sogenannte Würfelprojekt. Ziel war es, ca. 50 Genossenschaften aus den unterschiedlichsten Bereichen beispielgebend vorzustellen. Zugleich war unsere Anfrage mit der Bitte um eine Spende verbunden, die der Modernisierung zugutekommt. Wir bedanken uns nachdrücklich bei allen Genossenschaften, die sich an unserer Aktion beteiligt haben einen Spendenbetrag überwiesen. Bei den vorgestellten Unternehmen handelt es sich unter anderen um Agrar-, Apotheker-, Arzt-, Einkaufs-, Energie-,

Handwerker-, Journalisten-, Kredit-, Taxi-, Technologie-, Übersetzer-, Umwelt-, Verlags-, Winzer- und Wohnungsgenossenschaften. Zugleich werden Genossenschaften aus dem sozialen und kulturellen Sektor vorgestellt, wie etwa eine Schülergenossenschaft, eine Bahnhofs-, Historiker- und Verwertungsgenossenschaft. Sie alle zeigen die genossenschaftliche Vielfalt und Innovationsfreudigkeit auf. Als privates Museum sind wir auf die Unterstützung aus der Wirtschaft angewiesen. „Ohne Ihre Unterstützung sind wir nichts!" So steht es auch auf unserer Homepage geschrieben. Dies gilt zu jeder Zeit. Wenn auch Sie uns unterstützen möchten, so geht dies über eine Mitgliedschaft im Museum-Trägerverein, der Deutschen Hermann-Schulze-Delitzsch-Gesellschaft, aber wie bereits erwähnt auch über Sonderspenden.

Am 27. und 28. Januar 2022 war es endlich soweit: Die Firma Pollok Bau Delitzsch verlegte bei winterlichen Temperaturen, aber geschützt durch unser Glasdach, rötliche Klinker im Hof. Zuvor waren die Steine mit dem zuständigen Denkmalschutz bestimmt worden, damit die Farbgebung der historischen Vorlage nahekommt. In der *Leipziger Volkszeitung* war am 3. Februar hierzu zu lesen, dass sich das Museumsteam etwas einfallen lassen muss, „damit der Betrieb im Schulze-Delitzsch-Haus, dem Deutschen Genossenschaftsmuseum in Delitzsch, funktioniert. [...] Ein gewisses Kunststück, das auf rund 250 Quadratmetern zu vollführen ist. Aber größer ist das historische Gebäude, in dem die erste gewerbliche Genossenschaft gegründet wurde, nun mal nicht." Nun ist unser Museumshof für die neue Aufgabe gewappnet, zwei bis drei Sonderausstellungen pro Jahr aufzunehmen. Den Auftakt wird eine Exposition zur Delitzscher Volksbank geben. An mehreren Ausstellertafeln wird sich eine der ältesten deutschen Kreditgenossenschaften aktuell präsentieren. Die nachfolgenden Ausstellungen sind auch bereits in Planung. Somit werden neue

Anreize für einen Museumsbesuch geschaffen und auch Interessenten wieder ins Haus gelockt, die die Dauerausstellung bereits gesehen haben.

Neue Klinker im überdachten Museumshof © DHSDG, Delitzsch

Mittlerweile hat unser Museum seit dem 18. Januar 2022 wieder geöffnet, weitere Corona-Lockerungen sind in Sicht und unser 26. Delitzscher Gespräch wird planmäßig stattfinden. Dies alles stimmt hoffnungsvoll. Bleiben Sie uns gewogen und besuchen Sie das Deutsche Genossenschaftsmuseum gern einmal (wieder)!

Dr. Thomas Keiderling

Besuchen Sie das Deutsche Genossenschaftsmuseum in Delitzsch – individuell oder auch als Gruppe!

Unsere Öffnungszeiten: Dienstag bis Freitag 14 – 17 Uhr

Auf Voranmeldung sind Gruppenbesuche jedoch auch zu anderen Zeiten möglich. Gern können Sie zudem Veranstaltungen im kleinen Rahmen (bis 25 Personen) bei uns im Museum auf Anfrage durchführen.

Nehmen Sie Kontakt zu uns auf! Sie erreichen uns per E-Mail, Telefon, Kontaktformular auf der Homepage und natürlich persönlich vor Ort.

Postadresse: Kreuzgasse 10, 04509 Delitzsch

E-Mail: info@dhsdg.de **Telefon:** 034202 / 63864

Internetauftritt: https://genossenschaftsmuseum.de/